別讓**情緒**控制你的生活

如何讓辯證行為治療法幫助你掌控自己

Scott E. Spradlin 著

蔡素玲、鍾志芳 譯

Don't Let Your
EMOTIONS
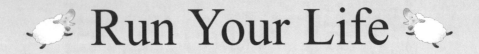
Run Your Life

How Dialectical Behavior Therapy
Can Put You in Control

Scott E. Spradlin, MA

謹 以此書獻給我所有 DBT 的個案們，感謝他們
如此仁慈地讓我參與他們的人生奮鬥過程，以
及讓我能夠與他們為伴，走向康復的道路。

Don't Let Your

EMOTIONS

Run Your Life

作者簡介

Scott Spradlin，獲有碩士學位，是一位使用辯證行
為治療法（DBT）治療「過度情緒反應」病人的專
家。他在美國華盛頓州西雅圖市的行為技術改變團
體（Behavioral Technology Transfer Group, BTTG）完 成 了
DBT 密集訓練。現在他在堪薩斯州 Wichita 市主持並執行堪
薩斯 DBT 計畫，在當地治療病患，以及訓練學生與專業人士
學習 DBT 之理論與實務工作。目前他也是 Wichita 州立大學
輔導系副教授。

Don't Let Your

EMOTIONS

Run Your Life

譯者簡介

鍾志芳（第一章至第八章）

學歷：美國喬治亞州立大學地理學碩士

經歷：曾任高中教師、環保顧問公司
　　　曾擔任中英文口譯與學術文件翻譯
　　　對於心理諮詢頗有興趣，本書為其第一本譯作
　　　現居住於美國聖地牙哥

蔡素玲（第九章至第十四章、附錄）

學歷：國立彰化師範大學輔導研究所碩士

經歷：台北市立復興高中輔導教師
　　　桃園縣永豐高中輔導教師
　　　台中縣大明高中輔導教師
　　　花蓮縣立國風國中輔導教師

資格：諮商心理師高考及格

現任：國立花蓮高中輔導教師

著作：高職心理學導論教科書、高職生涯規畫教科書、
　　　綜合高中生涯規畫教科書、高中生涯規畫教科書

譯作：《母女戰爭 STOP：重塑母女關係》（心理出版社）

合譯：《焦點解決取向的教師效能》（心理出版社）

Don't Let Your
EMOTIONS
Run Your Life

謝 詞

　　這本書有許多人直接與間接的參與。感謝 New Harbinger 出版社的 Patrick Fanning 與 Matthew McKay 邀請我加入此項計畫。感謝 New Harbinger 出版社的 Tesilya Hanauer 與 Heather Mitchener 的「編輯專業」之鼓勵，並且陪伴我一步一步走完整個出版過程。有了他們，使得我此次出書成為一次可貴與愉快的經驗。感謝 William Rodarmor，他的機智、專注與技巧，使得我原本散亂的字句成為流利易讀的文句，也為讀者省去許多空洞的學術用語。

　　感謝 Brad Hubert、Greg Mulkey 與 Luke-Dorf 公司送我參加辯證行為治療法（DBT）訓練。我在那兒認識了 Soonie Kim 博士，他對辯證行為治療法的原理與運用有絕佳的教導方式，藉由他的介紹，我得以進入 DBT 的世界，也成為波特蘭辯證行為治療法計畫的成員之一。波特蘭 DBT 團隊展現非凡的同理心與憐憫心，我的老師 Alice Rose 小姐領有專業的臨床社工師與心理治療師證照（License of Clinical Social Work and Psychotherapy Definied, LCSW），她在領導者技巧訓練團體中引領著我。直到今天，我帶團體的一些技巧還是從她那兒學來的，能與這些專家一同合作是絕妙的經驗。

位於西雅圖的行為技術改變團體（BTTG）可以說是 DBT 諮商師的魔鬼訓練營。我要特別感謝那兒的 DBT 鐵三角 Marsha Linehan、Linda Dimeff 和 Kelly Koerner。他們三人主持的訓練營幫助我在邊緣性人格疾患的理論打下深厚的基礎，更重要的是，我從他們身上學到對個案的全心支持，這讓我重新審視自己在治療邊緣性人格病患時的憐憫心、自信心與使命感。我看見許多病患不但克服自己，走出陰影，積極開創生命，他們的成就遠超乎他們自己的期望。如果沒有 Marsha 的團隊與研究，我們對於如何治療邊緣性人格個案仍感覺困惑，我希望這本書能成為 DBT 病人與治療師有用的工具書。

我曾在波特蘭醫學中心的急難處理室（Crisis Triage Center, CTC）值夜班，當時我有個綽號「黑夜隊長」（Captain Midnight），當我面對急難病患時，我大量運用 DBT 的原則與方法，我的創造力得以發揮，極限得以推展，在那兒的工作經驗對於我後來的執業有極大的影響，尤其有關教導個案如何與醫療急難處理小組合作這方面。這些緊急醫療人員為絕望病患點亮希望，並且讓我見識到醫療工作是一項藝術。我有幸認識 Jane Erickson、Deb Roth 與 Ellen Barker（別名 Encarta）並與他們成為知心好友，他們對「黑夜隊長」出書的關心與鼓勵，我十分感激。此外，我還要感謝 Marianne Irish 與 Elyce Benham 兩人，Marianne Irish 的友誼與她熱愛的詩詞在我值班的那些日子陪伴著我，而 Elyce 與我合作無間，我們就如同影集「X 檔案」中穆德探員與他的搭檔史考利探員一般。

我在寫書的過程中，常常帶著筆記型電腦在各大咖啡館遊蕩，我必須感謝這些咖啡館的老闆及員工對我的容忍與支持。在奧勒岡州波特蘭市醫學中心工作時，趁換班時的空檔，我常到附近四十五街上的星巴克寫書，謝謝他們的友善待客。我要特別感謝位於波特蘭市東南方的 True Brew Café 的老闆 John Asparro 與 Valerie Dianna，他們廉價又美味的拿鐵咖啡；在堪薩斯州的 Wichita 市，來自奧勒岡州的 Amy Clarke 開設的 Bean Scene 咖啡館；還有 Watermark Books & Cafe 裡和善的人們。

　　我的好友 Rebecca Campbell，是奧勒岡健康科學大學神經內分泌學博士候選人。在大腦功能與下視丘方面，她提供我許多非正式的諮詢。我衷心祝福她與 Andrew 在搬往紐西蘭後一切順利。T. J. Civis 是我特別的朋友，身為製片的他，開始獨立製片與成立短期的作家團體，他的創新精神深深激勵了我。

　　最後，我要感謝我的妻子 Jill 在我寫書過程中，給我的全力支持，身為心理學家的她，給了我所有的免費諮詢，當年她到 George Fox 大學求學，我也跟著來到波特蘭，讓我有機會接觸學習 DBT，最終有機會完成這本書，我最感謝她。

譯者序

　　情緒可以說是我們「最熟悉的陌生人」。不僅在陪伴個案的過程中，我看到個案面對情緒狂潮的徬徨無助；或是在日常生活中，我們每分每秒都帶著情緒與自己或身邊的人相處，情緒深深影響著我們的一言一行。究竟情緒從何而來？為何會出現生氣、快樂、悲傷的情緒？當人們深陷於悲傷、憤怒、恐懼這些強烈情緒時，有什麼具體的方法可以解開這些複雜的情緒？讓這些強烈情緒變得比較容易忍受？又有什麼方法可以讓情緒轉移？甚至如何增強個人自我安慰的能力？以及增加正向的情緒經驗？這些疑問都是我們在面對自己或他人的情緒時，迫切想要得到的答案，如果我們可以藉由他人經驗的協助，平時做好準備，當下一次強烈情緒再次出現時，我們就可以清楚地與自己的感覺溝通，終止陷入負面情緒的惡性循環之中，熟練情緒管理的技巧，擺脫情緒的桎梏，善用情緒，因而擁有更滿意的生活。

　　在眾多提到情緒管理的外文書籍中，感謝中原大學蔡秀玲老師引領我們進一步閱讀由 Scott E. Spradlin 所著的《別讓情緒控制你的生活》（*Don't Let Your Emotions Run Your Life*）這本書，全書分為四個部分，共十四章。第一部分談及情緒的本質，協助我們瞭解情緒是一全方位系統之反應，認識情緒的目的，以及原始情緒與次級情緒的內涵。第二部分談到我

們如何具體的描述與命名情緒，包括內觀情緒技巧、辨識自己的情緒觸發點，瞭解自己的衝動與行為以及各種情緒的後果。第三部分談及如何減少情緒管理的阻礙，包括挑戰個人的自我對話、改變生活型態以及改變強烈的情緒。第四部分則談到熟練情緒管理的技巧，如何將這些技巧應用於一般與親密的人際關係之中，以及如何增加個人危機求生與接受的能力，以增加個人的挫折容忍力，並從情緒的苦難中學習成長。

本書中，作者利用許多辯證行為治療法（DBT）幫助我們預知、瞭解、避免甚至替代那些強烈的情緒，而 DBT 的治療技術綜合了認知行為技術、社交技巧以及佛教的智慧。作者使用大量的練習單與自我檢核表，幫助讀者循序漸進的瞭解 DBT 療法，逐步的教導讀者如何消除令人無法忍受的情緒，讓我們心平氣和的與情緒並存，忍受那些因為生活不斷產生的壓力。

在翻譯過程中，我們兩位譯者實際練習本書所提及的每個練習，獲益良多。相信這樣的一本書，不僅在我們面對自己的情緒，或是在陪伴個案面對情緒的過程中，都會是一本有用的入門好書。

最後要感謝心理出版社在翻譯期間所展現出的耐心與諒解。

蔡素玲 謹識
2007 年 9 月 25 日

CONTENTS
目 錄

CONTENTS

導　論

　　此書所提供的原則與技術源自於我所受的辯證行為治療法（dialectical behavior therapy, DBT）訓練與執業經驗。辯證行為治療法由 Marsha Linehan 與她在 Washington 大學的同事們所創始與發展，由於 DBT 在治療邊緣性人格（borderline personality disorder, BPD）的卓越成效，DBT 已得到諮商治療專業人員與個案的高度讚譽。

　　邊緣性人格異常患者經歷快速劇烈的情緒起伏，進入情緒不穩定的狀態，患者常需要很長一段時間才能從情緒飆高期平復下來回到正常的情緒或是情緒基線（baseline）。這種情況被形容成「加熱速度有如在微波爐中般快速，冷卻速度卻有如在傳統烤爐下般緩慢」，情緒完全取得主控權，而且需要長時間回復，儘管終究會平靜下來，患者卻十分敏感，很容易再度被觸發。

　　被診斷為 BPD 的人，通常是情緒敏感，甚至是過度敏感的人，但是他們並不是唯一有情緒處理問題的人。我們或多或少都有過無法正常思考的時刻，我們也常聽到犯罪動機常常發生在一瞬間。

　　每個人情緒敏感度的範圍都不同，有些人在過度控制與過度表達之間游移不定。有些人卻可以壓抑或隱藏情緒達數月之久，卻突然激烈爆發。

我想說明的是本書想要幫助的對象不一定是那些正式被診斷為情緒失常，或是正在接受心理治療的人，我希望本書能夠幫助你更瞭解自己的情緒，讓情緒在你的生活裡扮演一個重要的角色，卻不再受情緒折磨。藉由此書，我也希望能幫助你減低過度情緒化的脆弱性，增強戰勝自我的信念、想法與判斷力。

你可以說本書的目的在於增加你的情緒智商，它所探討的課題包括心理學、情緒本質、飲食習慣、人際關係、平和情緒技巧，在不評斷自己的狀況下瞭解與表達自己的情緒。

身為 DBT 的執業者與本書作者，我要感謝 Marsha Linehan 與她在 Washington 大學的同事，此書所提到的許多概念都源自於他們的研究，特別是 Linehan 出版的《邊緣性人格異常的認知行為治療法》（*Cognitive-Behavioral Treatment of Borderline Personality Disorder*）（1993a）與《治療邊緣性人格異常實戰手冊》（*Skills Training Manual for Treating Borderline Personality Disorder*）（1993b）。我同時也運用了我在西雅圖行為技術改變團體（BTTG）密集訓練時所得到的經驗。在我個人執業經驗與寫書過程中，我不但被 Linehan 創造的 DBT 典範所啟發，我也見到我的病患如何運用 DBT 重新面對生活，建立更有技巧與意義的人生，他們的勇氣讓我深深感動。親愛的讀者，我希望本書也能以親切有效的方式引導出你心中這些特質。

■ 對於讀者的假定

在 DBT 治療過程中，我們盡力保持一套清楚的假定。這有助於治療師指導個案進入療程並一步一步前進。此時，我想針對身為讀者的你指出六項假定，我希望你在開始閱讀本書時，能夠採納。

1. 目前，你正盡你所能地處理你的情緒。

2. 你想要做得更好，並且想要更有技巧地處理你的情緒。

3. 你需要做得更好、更努力，想要改變的動機必須更強烈。

4. 你的問題也許並非全是你造成的，但你必須解決這些問題。

5. 目前你並不滿意自己處理情緒的方式。

6. 在每個有關的場合裡，你必須學習新的情緒處理技巧與行為。

（一）解讀假定

我們將逐一解釋每一項假定，看看它們是如何適用於你的情況之中。

1. 目前，你正盡你所能地處理你的情緒

你也許會很驚訝。一方面你會想：「如果我目前處理情緒的方式，已經是我最好的表現，那我真是糟糕，我的麻煩可大了。」另一方面你可能會想：「如果這已經是我最好的表現，那麼我一定是個懶惰、愚蠢、瘋狂的人。」如果你有上述情形之一，那麼你的內心可能籠罩在否定自己的風暴之中，像是不斷地聽著一卷「老帶子」重複播放，過度苛責自己。事實上，這項假定是要告訴你，你的人生到目前為止，在處理情緒方面，根據你的心理狀況以及你所學到的技巧，你確實已經做到你最好的程度。我們都在盡力而為。問題是你能不能做得更好？當然可以，這正是下一步我們要努力的目標。

想一想你的父母如何向你示範他們表達與控制情緒的方式，他們是嘲笑還是鼓勵你正確有效地表達與溝通你的情緒？他們表達情緒的方式是激烈的？或者他們總是壓抑情緒？這些都是重要的問題，這些因素會影響我們在體驗、控制與表達情緒上有所不同，它們全都影響著我們。如果你丟了鑰匙就會說髒話或是摔東西，那麼，你的父母可能也是這樣。如果在你摔東西的那一剎那，你的情緒馬上降溫，甚至得到紓解，那麼這種紓解

就是一種增強物，它會增強你未來生氣時就丟東西的行為。就算你明知這樣子不應該，你還是會做。不過，你可以說丟東西是你平復情緒的一種技巧，而這個技巧也確實有用。你也只是運用你所會的技巧而已。

建構假定有助於我們建立希望或是讓我們發揮所能一步一步往前走。現在，隨著你開始閱讀此書，我請求你接受第一項假定。給它一個機會。試試看它們能否讓你有所不同。其他的假定也是如此，它們需要你的承諾與信任。請你盡可能時時刻刻將這些假定牢記於心。尤其是在你舊有的成見跑出來妨礙你的進展，而你想要做得更好、更有技巧地處理你的情緒時，你需要這些假定來提醒自己。目前你並不需要與這些假設立下婚約，但是將來你會愛上它們，強烈到你想要與它們結婚的程度。

2. 你想要做得更好，並且想要更有技巧地處理你的情緒

這不是個好理由嗎？你想要更好，做得更好，活得更好，這正是你閱讀此書的目的。有了這個理由，能幫助你在情緒上更平衡。也能夠保持你的動力。我希望這個理由能增加你平衡情緒的感覺。在這段過程中，如果你懷疑自己是懶惰或是缺乏動力，回頭來看看這個假定，提醒自己你並不是懶惰，你只是想要改變。

3. 你需要做得更好、更努力，想要改變的動機必須更強烈

我們曾說過你已經盡你所能做到最好。但是現在我們要告訴你，你可以做得更好。這是一種能夠提醒我們不要陷入全有或全無的思考模式，當有些人說你已經做到最好，而你所能做的就只是如此而已。但是 DBT 要告訴你的是，你不但已經做到最好，而且你還可以做到更好。你還沒有達到你個人成長的極限。

4. 你的問題也許並非全是你造成的，但你必須解決這些問題

當我身為 DBT 技巧團體的催化者，每一次說到這一項假設時，總是

得到現場一片「阿門」的贊同聲。大家馬上同意問題的產生並不是我們的錯。在大家舒緩心情的同時，我也必須提醒我的團體成員。別高興得太早，這個假設的第一句是「問題『也許』不源自於我們」，讓大家鬆了一口氣，但是第二句，「我們都得面對，更需要去解決」，卻令人沉重了起來。

別氣餒，這個假定包含了兩個好消息。第一，它認可了你所面對的許多問題是他人造成的，並非全都是你個人的錯。看吧，你並不是個糟糕的人。第二，儘管如此，你還是必須去解決這些問題。這個假定給你機會去肯定你擁有解決問題的能力。因此第二個好消息是你相信自己有學習、成長、改變以及表現不同的能力。你一定做得到！現實生活裡，每當你出現一個問題時，那麼這就是個有待解決的問題，而且它大部分也都可以被解決。所以如果它是「你的」問題，那麼你就必須去解決。

5. 目前你並不滿意自己處理情緒的方式

再一次，我假定如果你正在閱讀此書，那是因為你並不滿意你的情緒現狀。例如，你可能覺得自己未能碰觸自己的情緒，或者你可能無法控制衝動情緒，或是無力處理混亂的情緒。無論如何，你都不滿意自己處理情緒的方式。

6. 在每個有關的場合裡，你必須學習新的情緒處理技巧與行為

待在家裡和你的金魚對看，或是看著電視上演著美好的友情故事是不能夠讓你得到信心的。你需要能夠在各種狀況下，改變你處理情緒的反應模式。如果你在職場上感到憤怒，那麼你就要能夠心平氣和，放鬆地工作——而不是帶著憤怒開著車回家，一觸即發的情緒往往造成事後無法彌補的傷害。又或者你在面對他人時，總是害羞不已，那麼你就必須要能夠克服害羞，在各種場合——家裡、教堂、公司、酒吧、學校，與他人暢所欲言。

（二）最後的叮嚀

在閱讀此書與練習療法的過程中，當你沮喪時，我希望你能回頭讀一讀上述的這六項假設。它們就像是路燈一樣，沿路照亮你前進的方向，讓你保持正途，別再回頭做那個絕望、虛弱、沮喪、具傷害性的人。這些假定能讓你時時警覺，保持清明的智慧與目標。宗教團體常將他們的信仰寫成教義，時時刻刻提醒教徒們其信仰的真義與行為的準則。財星（Fortune）全球前 500 大企業與非營利組織也總是喜歡運用「營運宗旨」條列出其價值觀（企業的營運精神）、展望（企業未來的發展方向），當然還有他們的宗旨（企業的定位與目標）。這些宗旨幫助企業上上下下所有員工凝聚工作的精神、價值及努力的方向。這些白紙黑字的「營運宗旨」之所以有效，是因為人們太容易因為受到挑戰和威脅而感到疲倦，進而忘記他們最初的出發點是什麼——失去了目標與願景，他們所屬的團體或公司也就無法再營運下去。

我希望這本書能幫助你瞭解，在你情緒敏感度的背後所蘊含的社會學及生物學的解釋，幫助你正面肯定你的情緒經驗，同時也會幫助你察覺自己的情緒以及情緒的正面功能。讓你能與你的情緒好好相處，讓你的情緒來幫助你而不是讓情緒去控制你，為你製造麻煩。

二 本書概要

為了讓你對本書有些概要性的瞭解，在此提出本書的概要。本書分為四個部分：

「第一部分：情緒的本質」。我們將情緒視為一全方位系統反應（full-system response），來討論情緒在我們生活中所扮演的角色。我們將區辨原始與次級情緒。並且試著回答這個問題：「為什麼我的情緒傷得我這麼深？」

　　「第二部分：描述與命名你的情緒」。在這一部分我們開始針對內觀技巧做一系列的解說與實際練習，這也是我們學習如何控制情緒的首要關鍵。我也將討論情緒的觸發、情緒產生背後的衝動，以及衝動之後所產生的結果。

　　「第三部分：減少情緒管理的阻礙」。對於情緒在我們的生活中所扮演的角色有了更多的瞭解之後，接下來我們可以學著避免讓情緒控制我們。對於初學者，我們將挑戰「自我對話」以碰觸情緒的最深處。我們可以改變生活方式，讓我們身心更健康。有了正確的技術，我們可以正面地面對強烈的情緒，進一步紓解它們。

　　「第四部分：熟練情緒管理的生活」。這可是豐收的時刻。我們將我們對情緒的認識以及我們所學到的技巧運用於日常生活之中。我會討論面對平日生活與各種人際關係的應對方法——包括如何面對難以相處的人——以及親密的愛人，最後，我會談到如何包容與克服壓力，過一個更快樂、更平衡的生活。

Scott Spradlin

Don't Let Your
EMOTIONS
Run Your Life

情緒的本質

CHAPTER 1

情緒：全方位系統反應

　　情緒是什麼？是你心中的念頭？你心中的感覺？還是戀愛時心頭小鹿亂撞的怦怦感？情緒是綜合你身體的感覺、你腦中的想法、你的經驗法則，所組成的全方位系統反應。英文中情緒 "emotion" 一字源自於拉丁文 "exmovere"，此字的原義為移動、激動與刺激。英文中的 "motion"（義為運行、動作）一字也是由此字源衍生而出，這兩個字的關連性顯然易見。當情緒被激起時，人類自然會有所行動。我們常認為情緒是感覺或心情的同義詞，但是，隨著我們討論得更深入，你會瞭解，情緒所代表的意涵比我們想的還要廣。

　　你曾注意過自己情緒不穩時，你心中會出現某些特定的想法？舉例來說，當你生氣時，也許你會恨起某個人或是某種情況。你也許會想：「這真是太不公平了」、「我的處境很危險」、「他們故意陷害我」。在稍後的章節裡，我們將討論這些念頭，包含我們的詮釋、判斷或信念是如何影響到我們的情緒以及情緒的強度。

　　除了這些想法之外，你可能還會有身體與肢體的衝動與不安。你可能會想要摔東西，或是狂買東西、逃離現場，甚至是親吻身邊的人。那是因為所有情緒的組成不只是心理也有生理因素在內。我再舉兩個例子，哭泣

是悲傷、難過的生理反應，同時，我們也有「喜極而泣」的時候。另外，當我們要發表演說、上考場、和老闆談話，或是約會之前，在我們緊張的時候，常會覺得肚子怪怪的，好像胃裡飛入一群蝴蝶般不舒服。這也是情緒與生理之間的關係。

當你的情緒得到緩解，你的身體也會輕鬆起來。你被嚇著時，拔腿就跑；你高興時，擁抱你身邊的人；你感受到愛的感覺時，心中會激動。這些都是生理反應被情緒所啟動的例子，「生物學情節」（biological complex）指的是情緒能夠啟動生理系統全面的反應，當情緒激動時，會促使腦神經分泌化學物質，進而影響生理活動，包括呼吸與循環系統等等，心裡湧上更多的想法，隨之產生實際的行動。

總之，情緒是行動之前的想法、感覺與佈署安排。有情緒才會有想法，沒有了情緒，也就不會有想法的存在。情緒之所在，行動也就準備就位。情緒是個複雜，並且是全面綜合的系統，每一部分、每一環結都互相依賴，彼此合作協調。思考本身就是感覺的一部分，而感覺也就是思考的一部分。我們對事物的認知過程直接影響到我們的情緒，而直覺的情緒反應也直接影響到我們對事物的認知與思考的過程。本書就是要讓你學習到針對思考（認知）、情緒（感動）、衝動（生理衝動與行為）與其他感覺的處理技巧。

一 可觀察和不可觀察的情緒

情緒理論研究學者 Arnold Lazarus（1991）描述人類的情緒經驗有兩大類別，分別是「可觀察」（observables）的情緒與「不可觀察」（unobservables）的情緒，前者指的是你身邊的人可以察覺到的情緒，這也是你正經歷情緒的明顯證據。以下是可觀察情緒的四種類別：

1. **行為**

   - 攻擊

   - 逃避

   - 臉部表情

   - 體態姿勢

2. **生理反應**

   - 自律神經系統

   - 神經反應與活動

   - 一般的腦內活動

   - 賀爾蒙分泌

3. **人們所說的話**

   - 話語的內容（「我恨你」或是「我愛你」）

   - 說話的語調（溫柔、緊張、嘲諷，或是提高聲調）

   - 告訴別人你的感受（悲傷、高興，或是憤怒）

4. **環境因素與背景**

   - 社交場景（晚餐、看病、正式或非正式場合）

   - 文化背景（種族、性別與居地的地方）

   - 自然事件（戰爭、教會活動、暴風雨等等）

至於不可觀察的情緒類別，Lazarus 歸納出五大類別，包括：

1. **行為傾向**

   - 強烈的慾望與一時的衝動（逃跑、攻擊、說話、吸食藥物、傷害自己等等）

- 想法快速變動（不實際的夢想）
- 能或不能採取行動
- 能或不能自我察覺情緒的出現

2. 主觀的情緒經驗

- 你自己知道、但你身邊的人卻無法察覺的情緒

3. 人與環境的關係

- 一個人心中的動機與信念
- 環境的要求（工作、學校、宗教、社區與家庭）
- 環境的支持、資源與限制
- 在有限的環境中，人們的動機與信念如何與環境的要求相互作用、相互影響

4. 適應過程

- 你如何調適壓力？
- 你用什麼方法來調適壓力？

5. 評估的過程

- 自我與社會環境對彼此的期望
- 對於快樂幸福的判斷與評估
- 解釋與闡述事物正在如何進行，以及它們應該如何進行？

對你或對別人來說，「可觀察」的情緒比較容易察覺，這是因為這些情緒確實比較明顯，但是如果你是緊張兮兮、反應過度的人，你也許會感受不到這些顯而易見的情緒，也不瞭解這些情緒如何影響你在家裡、學校或是工作場合中的人際關係。你自己的姿勢或臉部表情，這些我們自己愈是不自覺的情緒，其實比我們說的話（例如對別人說「你去死吧」）或是你做

的事（丟盤子）還要值得我們注意。

有些可觀察的情緒包含著環境因素在內。稍後，當我們討論到特定環境因素所引起的特定情緒時，我們將會練習如何改善我們的弱點，與增強我們對環境的敏感度。

Lazarus 將賀爾蒙分泌與腦部活動稱為可察覺的情緒，因為科學家確實可以用適當的儀器測量到賀爾蒙與腦部活動的變化。我們將會探討它們在我們的情緒生活中所扮演的角色。不過你放心，這本書並不會要求你測量腦內啡、血清素的分泌量或是你腦部的化學作用與活動。

至於不可觀察的情緒，常被我們自己忽略，我將會建議一些練習來幫助你察覺這些情緒。這些練習包括如何察覺你的行為傾向或是衝動、你為何衝動、在你衝動時能否更有自信地決定是否該有所行動。記住，只有你能知道你內心的想法與情緒的波動，有時候，告訴別人你的感覺是很重要的。這可能是你難以做到的。當然，別人可能並不瞭解他們的行為如何影響你的情緒。但是如果你一直不說，繼續讓他人的行為負面地影響你的情緒，那麼傷害會持續，進而影響你與他人的關係。

正如同他人無法真正瞭解我們的動機與想法，我們也很少能瞭解他人。奇妙的是你和他人的動機與我們所處的社會環境之要求（社會的標準、宗教信仰、道德、經濟因素等等）息息相關。環境因素可以是支撐我們的力量，也可以是我們壓力的來源。經過一定程度的適應與調適過程，我們如何因應環境，因應我們對自己與別人的期望，以及如何解決問題，這些都與我們如何判斷與解讀人們的行為和情緒有關。

從各種方面看來，情緒是十分複雜的。但別讓複雜把你嚇跑了。一章一章地好好閱讀這本書，認真做練習，複習一些章節，和你的朋友、家人、牧師或是你的心理治療師談談你的心得，這些都是有幫助的。

Don't Let Your
EMOTIONS
Run Your Life

二 當情緒遇上想法

　　到底情緒與想法是不同的，還是它們根本就是同一回事？因應本書的目的，我認為特別說明在「情緒」與「想法」，或是心理健康專家所稱的「認知」（cognitions）之間確實有強烈的相關，這是很重要的。

　　我們討論過情緒是全方位的反應系統，情緒由許多部分組成，或者甚至是整個人的一部分。你也許會習慣地說情緒與你的想法是兩回事，但比較正確的說法是情緒與想法經常是「混合一起的」，呈現互相影響的狀態。我們之所以將它們區隔開來，是因為這樣才能幫助我們瞭解其本質，與它們在全方位系統反應裡所扮演的角色。稍後我們將會討論與練習專為想法所設計的技巧與方法。

　　我提到情緒與想法是混合體的原因是稍後你在練習本書所指引的一些技巧時，你可能會分不清楚到底是想法先於情緒，或是情緒先於想法？這中間並沒有先後次序，它們有時先，有時後，有時則同時存在。想法確實會影響情緒，而情緒狀態也會影響你的想法。

三 「發怒的史提夫」：一個駕駛人的故事

　　這一個故事說明了情緒、行動和環境三者如何相互影響，以及原始情緒又如何刺激引發次級情緒（第三章會討論到原始與次要情緒）。

　　傍晚時分，史提夫開著車，正在下班回家的路上，突然有一輛車急速地超車而過。那一剎那，他覺得焦慮，這種感覺觸發了他適當的反應動作：避開那輛快車。但是，幾秒鐘的時間，史提夫開始想：「那傢伙簡直是混蛋！他一定是故意的！」「哪有人這樣開車的！」史提夫的焦慮觸發了他的憤怒，憤怒又導致他情緒激動，他開始加速追逐那輛車，但他已經沒辦法追到了。為什麼呢？因為史提夫已經被警察攔下，開了好幾張罰單，包括超速、轉換車道不打信號等等。

Don't Let Your
EMOTIONS
Run Your Life

在這個故事中，史提夫一開始感到恐懼，後來「對方一定是故意的」的假定讓他覺得舒服些，延續著這個方向，他進一步想「這樣差勁的駕駛行為是令人無法容忍的」。這些想法開始形成了他的情緒，情緒接著告訴他，他必須教訓教訓這傢伙，讓他知道什麼才是優良駕駛人。史提夫來不及察覺到他的憤怒已經讓他成為一個瘋狂駕駛人時，他已經失去控制地超速追逐那輛車，你可以明顯地看出史提夫的想法持續地觸發、維持，甚至增強他的憤怒。

史提夫的憤怒是對是錯並不重要。重要的是他對那一名駕駛人瘋狂的駕駛行為感到憤慨，使得他自己成為一個瘋狂駕駛人，最終結果是他還得到一張超速罰單，他的想法導致那些使情況變得更糟的無效行為。

我們都有過瘋狂的想法。如果這些想法是來自原始的情緒反應，那會導致更多更複雜學習而來的次級情緒，例如人們（特別是自戀或大男人個性的人）且常會因為要保住面子，而產生憤慨或其他情緒。我們對於自己的看法，不管是自衛或是要保住某種社會地位，確實會影響我們的情緒反應，進而影響到我們與其他人的溝通方式。有些時候，你對某種情況的評斷或解讀方式會觸發你的情緒或是增強你已經有的情緒反應。

你可以說史提夫的情緒全方位系統反應，激起他怒火中燒而導致失去控制。

四 情緒的波動

情緒不會永遠持續著，但有些情緒確實持續得比較久。情緒的強度與時間因人而異，也會因不同的情況而有所不同。它取決於每個人處理情緒的技巧，以及其他像是休息、健康、工作壓力和支持等因素。情緒波動如同大海的波浪，潮起潮落，來來去去，情緒是暫時的，也是無常的。當你陷入情緒的漩渦時，如果你忘記提醒自己這一點，可能就很容易地因為情緒化而做出衝動的事。如果在情緒的當頭，你能提醒自己「這很快就會過

去」，你就已經朝有效管理情緒邁進一步。接下來，你有很多選擇，你可以練習在本書所學到的技巧，幫助你處理情緒。

如果你情緒高漲的速度有如微波爐加熱一樣快速，但是冷卻的速度卻向傳統烤爐一樣緩慢，你會覺得這冷卻的過程好像永無止境，最後好不容易降下溫度，但你還是很脆弱，還是很容易再度爆發。

在這個故事裡，史提夫的憤怒與激動讓他開車失去控制，此時，被警察攔下之後可能會引發史提夫更多的情緒。他的腦子裡還專注在追逐那輛車的狀態，如果一不小心，新的狀況會讓他更憤怒、更激動。情緒愈緊繃，史提夫愈是覺得失去控制。他可能會衝動地對警察開罵，或是抱怨他們是不是沒別的事可做，因而讓事情變得更糟。如果史提夫剛喝過含咖啡因飲料或是在肚子餓的狀態，他的生理狀況不佳更會影響他管理情緒的能力（在第十章中，我們將會討論一些具體的技巧，以減少你受到這些因素的影響）。

五 反省情緒的起伏

想一想上一次你情緒激動是什麼時候？今天？還是昨天？或是幾分鐘之前？你應該能回想起來，你的情緒強度是有上下起伏的。有時候，你可能狂怒暴躁，過一會兒，你可能只是覺得心情有一點不好而已。

（一）憤怒

你生氣到說髒話、丟東西，甚至要打人的程度。想想你最氣憤的時刻，當時的狀況是什麼？

狀況：＿＿＿＿＿＿＿＿＿＿＿＿＿＿＿＿＿＿＿＿＿＿＿＿＿＿＿

＿＿＿＿＿＿＿＿＿＿＿＿＿＿＿＿＿＿＿＿＿＿＿＿＿＿＿＿＿＿＿

Don't Let Your
EMOTIONS
Run Your Life

當時你的想法（你如何解釋這個狀況？）：＿＿＿＿＿＿＿＿＿＿

＿＿＿＿＿＿＿＿＿＿＿＿＿＿＿＿＿＿＿＿＿＿＿＿＿＿＿＿

憤怒指數（0-100）：＿＿＿＿＿

描述後來事情的發展與結果（一樣？更糟？還是有所改善？）：＿＿＿＿

＿＿＿＿＿＿＿＿＿＿＿＿＿＿＿＿＿＿＿＿＿＿＿＿＿＿＿＿

你花了多久時間冷靜下來，平息憤怒？

幾秒？＿＿＿＿＿

幾分鐘？＿＿＿＿＿

幾小時？＿＿＿＿＿

一天或超過一天以上？ 天數＿＿＿＿＿

當你冷靜下來，你的情緒強度指數是（0-100）：＿＿＿＿＿

（二）悲傷

你難過得只想哭，想要退縮，想要逃避別人，悶悶不樂，沉溺在傷感的詩句、音樂或電影之中。想一想你最悲傷的時刻，當時的狀況是什麼？

狀況：＿＿＿＿＿＿＿＿＿＿＿＿＿＿＿＿＿＿＿＿＿＿＿＿＿

＿＿＿＿＿＿＿＿＿＿＿＿＿＿＿＿＿＿＿＿＿＿＿＿＿＿＿＿

當時你的想法（你如何解釋這個狀況？）：＿＿＿＿＿＿＿＿＿＿

＿＿＿＿＿＿＿＿＿＿＿＿＿＿＿＿＿＿＿＿＿＿＿＿＿＿＿＿

悲傷指數（0-100）：＿＿＿＿＿

描述後來事情的發展與結果（一樣？更糟？還是有所改善？）：＿＿＿＿

＿＿＿＿＿＿＿＿＿＿＿＿＿＿＿＿＿＿＿＿＿＿＿＿＿＿＿＿

Don't Let Your
EMOTIONS
Run Your Life

你花了多久時間冷靜下來？平息悲傷？

幾秒？＿＿＿＿＿＿

幾分鐘？＿＿＿＿＿＿

幾小時？＿＿＿＿＿＿

一天或超過一天以上？ 天數＿＿＿＿＿＿

當你高興起來，你的情緒強度指數是（0-100）：＿＿＿＿＿＿

（三）恐懼

你害怕得只想要躲起來、逃避別人、恐慌或驚慌失常。想想你最恐懼的時刻，當時的狀況是什麼？

狀況：＿＿＿＿＿＿＿＿＿＿＿＿＿＿＿＿＿＿＿＿＿＿＿＿＿＿＿

＿＿＿＿＿＿＿＿＿＿＿＿＿＿＿＿＿＿＿＿＿＿＿＿＿＿＿＿＿＿＿

當時你的想法（你如何解釋這個狀況？）：＿＿＿＿＿＿＿＿＿＿＿

＿＿＿＿＿＿＿＿＿＿＿＿＿＿＿＿＿＿＿＿＿＿＿＿＿＿＿＿＿＿＿

恐懼指數（0-100）：＿＿＿＿＿＿

描述後來事情的發展與結果（一樣？更糟？還是有所改善？）：＿＿＿＿＿

＿＿＿＿＿＿＿＿＿＿＿＿＿＿＿＿＿＿＿＿＿＿＿＿＿＿＿＿＿＿＿

你花了多久時間冷靜下來？平息恐懼？

幾秒？＿＿＿＿＿＿

幾分鐘？＿＿＿＿＿＿

幾小時？＿＿＿＿＿＿

一天或超過一天以上？ 天數_____

當你放輕鬆之後，你的情緒強度指數是（0-100）：_____

（四）愛

你的腦海裡都是你的愛人，你的心中充滿了愛，你能鼓勵身邊的人，你為朋友加油打氣，或是滿腦子都是美夢。想一想你擁有最強烈愛的感覺的時刻，當時的狀況是什麼？

狀況：_____

_____

當時你的想法（你如何解釋這個狀況？）：_____

_____

愛的指數（0-100）：_____

描述後來事情的發展與結果（一樣？更糟？還是有所改善？）：_____

_____

你花了多久時間平靜下來？

幾秒？_____

幾分鐘？_____

幾小時？_____

一天或超過一天以上？ 天數_____

當你愛情熱度減低之後，你的愛情強度指數是（0-100）：_____

（五）快樂／喜悅

你高興地笑個不停，快樂感染身旁的人，你覺得好有自信，對自己十分有信心。想一想你何時有過如此強烈快樂或喜悅的感覺？當時的狀況是什麼？

狀況：_____

_____

當時你的想法（你如何解釋這個狀況？）：_____

_____

快樂／喜悅指數（0-100）：_____

描述後來事情的發展與結果（一樣？更糟？還是有所改善？）：_____

_____

你花了多久時間「冷卻」下來，恢復正常的情緒？

幾秒？_____

幾分鐘？_____

幾小時？_____

一天或超過一天以上？天數_____

當你「冷卻」下來，你的快樂／喜悅指數是（0-100）：_____

六 情緒狀態、特質與心境

「情緒狀態」（emotion state）指的是當你能夠清楚自己的情緒，說出「我現在很生氣」的那一時刻。情緒狀態是短暫的，是我們先前提到情緒

起伏的一部分。相較之下，「情緒特質」（emotion trait）較為持久，而且是人格特質的一部分。當你對所處的處境傾向於感覺沮喪與憤怒時，你也許會說「我是個憤怒的人」，就如同 Lazarus 說的，「情緒特質指的是人格特質，它並不是情緒的一種，而是一個人的性格在面對情緒時所產生的反應」（1991, 46）。

你所經歷的情緒中，可能有特別某一種情緒比較常出現。圍繞在你身邊的人，可能會感受到你是個「悲傷」的人，是個「憤怒」的人，或是個「快樂」的人。快樂的人並不總是快樂，他們也會感到憤怒、悲傷或是焦慮。我們都會經歷這些情緒。一個快樂的人，他的情緒「通常」是快樂比較多，而且他們對於所處環境中發生的事情、結果與挑戰，也多以正面的態度與行動面對。一個焦慮的人面對挑戰或是一想到挑戰時的態度總是擔心。他們多半是「杞人憂天」，悶悶不樂的思考與行動，想法與行動總是被焦慮所占據。和快樂的人一樣，焦慮的人不只是焦慮而已，他們也能感覺到喜悅、愛與憤怒。他們也會有夢想與希望。

最後，我們要談的是「心情」（moods），心情占據我們的情緒時間要長久得多。如同快樂的人會有憤怒或悲傷的時刻，焦慮的人會有快樂的時候，快樂的人生病或在某些狀況之下，會有憂鬱沮喪的心情。有些特定的心情停留的時間會比其他的心情要長，但是這些並不是永久特定的。心情若是成為主導，支配我們的情緒時，這種情況稱為「情感性疾患」（mood disorders），例如長期嚴重憂鬱症，或是廣泛性焦慮症（generalized anxiety disorder）。

在你逐步練習本書接下來提到的技巧時，你會發現察覺情緒的變化幅度是非常重要的。如果你是個快樂的人，你似乎永遠也不會生氣。如果你是憂鬱的人，在你沮喪的時候，你也許會覺得永遠也不會快樂起來，深陷於「我永遠也快樂不起來，人生就是這麼糟糕」的想法裡無法自拔，這會讓焦慮或悲傷一直延續下去，而且不可避免的會影響情緒的狀態。

以下是情緒狀態、特質與心情的對照表。

情緒狀態	特質	心情
愛	深情的 有愛心的	愉快 興奮
恐懼	害怕的 擔心的	焦慮 憂心
憤怒	生氣的 發怒的	急躁 煩躁

七 快樂不會永久，悲傷也會終止

　　隨著本書的練習，我希望你會記得情緒來來去去，並不會停留在你心中長長久久，記住這一點能夠讓你保持平常心，不至於對快樂有太高的期待。因此當事情不如預期時，你也就不至於太失望，甚至覺得自己不可能會擁有快樂，這樣的想法繼續發酵，會引發你更多不愉快的情緒。相反地，當你心煩意亂，或情緒失去控制時，你可以提醒自己，你的痛苦會有停止的時候。就如同快樂或其他正面的情緒會有消失的時候一樣，痛苦終究也會停止，快樂與痛苦都不會永遠持續。

　　如果你是那種希望能夠一直快樂的人，你並不是唯一懷抱這種願望之人。但那並不是事實，而且也不實際。你需要能同時接受正面與負面、好與不好的時刻。悲傷與快樂，就如同黑夜與白天。情緒之中的生理成分與你的大腦會讓你能感覺到你的情緒，同時透過痛苦與快樂的感受，你才能接收所有重要的訊息。

2

CHAPTER

情緒的目的為何？

　　如果你閱讀本書的目的是想要更有效地管理你的情緒，你心裡大概會思考為什麼我們會有情緒化的表現？情緒到底給我們帶來什麼好處？研究者對於情緒的目的與情緒對我們的好處有各種不同的意見，但也有其共通之處。研究情緒的專家 Greenberg 與 Paivio（1997）大致綜合了所有學者與研究的觀點，對情緒的功能與目的提出下列的看法。

　　情緒：

- 能及時地組織與統籌我們的行動
- 能在特定的情況下給予我們重要的訊息，讓我們知道周遭的狀況
- 能刺激與鼓勵我們
- 能讓我們與他人溝通
- 是重要的調適能力

一　情緒的功能

接下來讓我們更詳細地逐一討論情緒的功能。

Don't Let Your
EMOTIONS
Run Your Life

1. 情緒能及時地組織與統籌我們的行動

當某種情緒被觸發，你整個身體會處在一種警戒的狀態下，為此種情緒所處的相關狀況做好準備。例如，憤怒能讓你的心理與生理更為激動，恐懼則會使你的心理出現各式各樣害怕恐懼的念頭，生理上你則做好逃跑的準備。這些例子很清楚的告訴我們，你整個生理的運作，以及我們所採取的行動，都與我們的情緒有直接的關係。

2. 情緒能在特定的情況下給予我們重要的訊息，讓我們知道周遭的狀況

情緒就像是一個行動探測器，或是一個警報器，可以告訴我們身邊發生了什麼狀況。這個警報系統可以警告我們威脅與危險的所在，也可以讓我們在社交場合與人互動時，得到所有的資訊。如果你能察覺自己的情緒變化，也就能進一步知道你的情緒想要告訴你什麼訊息，對愛或是危險有所警覺，多注意你的情緒以及情緒變化所給你的訊息能夠讓你更安全，也能幫助你改善你的人際關係。換言之，察覺到情緒變化能讓你改變自己的言行，以及更有效地滿足你的需求，或是建立更有品質的人際關係。

3. 情緒能刺激與鼓勵我們

回到情緒一字的源由，"motion" 一字乃是行動之義，這很清楚地告訴我們，情緒能讓我們採取行動，有所作為，也許是工作、人際關係、尋求溫飽或是幸福快樂。強烈的情緒能讓你克服困難，得到你所想得到的東西。嫉妒能激勵你多注意你的伴侶，進而穩固你與伴侶之間的關係。當你受到不公平的對待時，憤怒能讓你站出來為自己辯護。對於那些受苦於憂鬱症及精神分裂症，或是長期依賴毒品或酒精的人們來說，經常會經歷「無動機」（avolition）狀態，對於事物缺乏興趣，對情緒無察覺能力，其行為也毫無目標。這些人經常被炒魷魚或是失戀，也常成為各種意外的受害人，因為他們失去了對情緒反應的察覺與辨識能力，而這些正是保護我們人身安全的重要關鍵。

Don't Let Your
EMOTIONS
Run Your Life

4. 情緒讓我們與他人溝通

情緒能讓我們與別人溝通，情緒可以直接提供我們該說什麼，但不只是說話的內容而已。情緒也直接給予我們在與別人溝通時的臉部表情、姿勢、說話的聲調等等。如果我們在與別人溝通時，沒有注意到自己的表情姿勢，就可能無法有效地向別人表達自己的意見。

例如，聽見男朋友嘲笑妳的外表時，妳的情緒可能只是難過。如果妳一拳向他打去，他可能不會明白是他的嘲笑傷害了妳，只覺得妳是個有暴力傾向的人。倘若妳能察覺到自己的難過，並且讓自己完全地經驗這個情緒，妳應該能夠更正確地向男友表達妳難過的感受，而不是憤怒。

有時候你會感覺到某種情緒十分強烈，但是在某些場合，你不能表現出你的情緒。例如，在應徵工作面談時，你絕對不能顯出悲傷或憤怒，你必須顯示出自信與幹練。要達到這個目的，你就必須要能清楚知道你的感覺，並且正確地透過表情動作表達出來。最後，你就能確定你的情緒確實能夠幫助你達到你想要溝通與表達的目的。

5. 情緒是重要的調適能力

以上所述有個結論：情緒是與生俱來的，實質來說是基本的調適能力。情緒是你的幫手。有時候情緒會護衛著我們的安全與幸福。即使是痛苦的情緒也能保護我們遠離危險。愛的情緒則能讓我們建立與提升人際關係。興致高昂的情緒則能夠促使我們自我學習，經由學習，我們得以成長。

如果你覺得自己太過於情緒化因而想辦法隔離自己的情緒，現在應該是你改變想法的時候了。你應該體驗到情緒基本的功能與如何利用情緒讓你的生活更好，同時你也會瞭解到你總是會面臨錯誤與強烈的情緒，這正是情緒的真面目。如果你曾隔離你的情緒，那麼本書教導你的技巧能夠協助你回到正途，與你的情緒重新接觸。

Don't Let Your
EMOTIONS
Run Your Life

二 情緒生理學

接下來我們將討論情緒為何是個全人化及全方位系統反應。Daniel Goleman 在 1995 年出版的《情緒智商》(*Emotional Intelligence*) 一書中總結了情緒各種生理元素彼此之間的關連性，以及它們顯著的功能。

1. 當我們憤怒時

血液將流入手中，使我們更容易出力握住武器，進而攻擊敵人。我們的心跳會加速，腎上腺素分泌增加，進而促使我們增加衝動行為的機會。

2. 當我們恐懼時

血液流入骨骼肌肉之中，像是到了大腿，使得我們更容易逃跑。與此同時，我們的臉部因缺乏血液而蒼白，這讓我們會有「頭皮發涼」的感覺。如果有時間，我們的大腦也許會衡量是否躲起來會比逃跑要來得好。大腦中的情緒中心能夠觸發血液循環與賀爾蒙的分泌，讓我們的身體處在警戒狀態，並且做好準備，隨時採取行動。我們的注意力會集中在緊急的威脅上面，並且衡量該如何應付。

3. 當我們快樂時

腦中的活動會增加，避免產生負面感受，同使也促使正面的能量增加，我們腦中產生憂慮煩惱的區域會平靜下來。但並不足以讓沮喪的生理反應完全平復到非活動性的程度。這樣的機制讓我們的身體能休息，也能做好準備和充滿熱忱地應付我們手邊的事情，努力達成目標。

4. 當我們戀愛時

溫柔的感覺與性慾的滿足讓我們的副交感神經興奮，這個生理機制與害怕憤怒所產生的攻擊與逃跑的反應是完全相反的。我們的副交感神經會

觸發一種「放鬆反應」，使我們全身上下處在一種平靜、滿足、願意與別人合作的狀態。

5. 當我們驚喜時

我們的眼睛睜大，讓更多的光線進入我們的視網膜。這會讓我們接收到更多有關這個驚喜的資訊，讓我們更容易瞭解事情到底怎麼回事，以調整我們最好的因應之道。

6. 當我們厭惡時

根據人類學家對人類臉部表情與情緒反應的研究顯示，厭惡無關乎文化，這是全人類都會有的情緒。厭惡傳達了一個訊息：當我們嚐到或聞到什麼東西，或是聽到什麼暗喻時。厭惡的臉部表情——嘴唇往上噘起，鼻子稍微皺起來——表示試圖將鼻子緊閉以阻擋臭味的進入或是吐出令人討厭的食物。

7. 當我們悲傷時

悲傷幫助我們調適重大的失落。例如失去親人的傷痛，或是對事情極為失望，悲傷降低了我們對日常活動（特別是娛樂與歡笑）的能量與熱忱。如果悲傷的程度增加到近乎是憂鬱症的地步時，會減慢我們的新陳代謝。悲傷的情緒讓我們為失去的人或希望哀悼，同時有機會內省自己的生命，當能量再度回來時，我們就能重新出發，計畫新的開始。原始的部落文化相信，我們最好能將悲傷或脆弱的情緒與能量安藏在家裡，這同時也是最安全的地方。

三 情緒是我們的好幫手

情緒讓我們為即將採取的行動準備就緒，並且讓行動繼續。情緒讓我們警戒到周圍發生的事情，當事情發生太快以致我們無法思考，只能採取

Don't Let Your
EMOTIONS
Run Your Life

反射動作的時候，這時我們得靠情緒的反應。我們心中的想法確實會影響我們的情緒，但不至於時時刻刻。至少在有知覺的情況之下，情緒確實能讓我們的反應更有效且更敏捷。

在這一章裡頭，我們討論了情緒的重要功能：為下一步該採取的行動做好準備、蒐集資訊並與他人溝通。下一章，你將會學到原始情緒與次級情緒的差別，你也會有機會練習如何察覺你的情緒與其功能。

3

CHAPTER

原始情緒與次級情緒

當情緒原原本本地展現出來，我們稱做「原始情緒」（primary emotions）。這是原始的，不必經過學習而有的情緒反應，也是人性基本的功用。原始情緒並不複雜，並不是眾多情緒的混合物，也不全然是「經過思考」而產生的反應。原始情緒是構成情緒的生理元素之一，多數的研究者也同意原始情緒與求生意志有所關連。

當你突然聽到一聲巨響，你跳起來或是蹲下，你的身體回應你原始的恐懼情緒而採取動作，目的是為了保護自己，遠離你已經意識到的威脅與危險。你喜歡的人約你吃午餐，你自然而然地感覺得意洋洋且興奮不已。你心愛的寵物死了，你傷心哭泣。這些都是自然的反應，幾乎所有人都會經歷這些原始情緒與其不同的情緒強度。

研究情緒的專家對於原始情緒的存在，以及如何清楚定義它們並沒有共識，但大部分專家都認同以下九個原始情緒：

- 喜悅
- 愛
- 興趣
- 悲傷

- 驚訝
- 害怕
- 厭惡
- 罪惡感
- 憤怒

一 「口吐白沫之狗」的故事

在我領導的 DBT 團體中，我常告訴我的個案們一個虛構的故事——「口吐白沫之狗」。故事是這樣的：有一天我到街頭的便利商店買瓶可樂。過馬路的時候，我發現一隻羅特維勒犬朝我直奔而來。牠的口中冒著大量的唾液，像是吐著一大堆泡沫，來勢洶洶，臉上佈滿著不友善的表情。我感到自己的心跳加速，腎上腺素大量分泌，充斥著我的身體，在我想清楚之前，我已經快速地跑向便利商店。當我進了商店，商店的店員打電話給動物管制中心，當我確定自己已經安全之後，我的心跳與腎上腺素分泌漸漸回復正常。

這是怎麼回事呢？我的情緒幫了我一個大忙。我的頭腦辨識出這是一條狗，也察覺到口吐白沫是狂犬病的特徵之一。聽到牠狂叫，這是不友善的訊息，我的身體反應完全主導了我的行動，我根本沒有時間思考或是問我自己：「這條狗到底友不友善？」這些因為恐懼而產生的直覺反應就是原始情緒不須學習的最好例子。

二 探索原始情緒

接下來這個練習能讓你逐一檢視你的原始情緒。目的是要讓你能察覺到自己的情緒，並且明白情緒會如何幫助你。也就是讓你能瞭解到情緒是如何具有功能性與調適性。

Don't Let Your
EMOTIONS
Run Your Life

花幾分鐘，好好想一想在每一個情境裡，情緒是如何幫助你。寫下你的想法，描述你的經驗與你處理的方式。

1. 喜悅與快樂曾經幫助我……

- 開展人際關係

  你的描述：＿＿＿＿＿＿＿＿＿＿＿＿＿＿＿＿＿＿＿＿＿＿＿＿

- 精力充沛處理每一天的大小事

  你的描述：＿＿＿＿＿＿＿＿＿＿＿＿＿＿＿＿＿＿＿＿＿＿＿＿

- 妥善處理生病的時刻

  你的描述：＿＿＿＿＿＿＿＿＿＿＿＿＿＿＿＿＿＿＿＿＿＿＿＿

- 在艱難的時刻找到希望

  你的描述：＿＿＿＿＿＿＿＿＿＿＿＿＿＿＿＿＿＿＿＿＿＿＿＿

- 奉獻我的時間和／或金錢給慈善團體

  你的描述：＿＿＿＿＿＿＿＿＿＿＿＿＿＿＿＿＿＿＿＿＿＿＿＿

- 能鼓勵身邊的人

  你的描述：＿＿＿＿＿＿＿＿＿＿＿＿＿＿＿＿＿＿＿＿＿＿＿＿

- 讓我能對曾經幫助我的人表達感謝

  你的描述：＿＿＿＿＿＿＿＿＿＿＿＿＿＿＿＿＿＿＿＿＿＿＿＿

- 其他的例子

  你的描述：＿＿＿＿＿＿＿＿＿＿＿＿＿＿＿＿＿＿＿＿＿＿＿＿

Don't Let Your
EMOTIONS
Run Your Life

2. 愛曾經幫助我……

- 提升人際關係的品質

  你的描述：＿＿＿＿＿＿＿＿＿＿＿＿＿＿＿＿＿＿

- 原諒曾對不起我的人

  你的描述：＿＿＿＿＿＿＿＿＿＿＿＿＿＿＿＿＿＿

- 以信件、卡片、e-mail 或是電話的方式告訴他人我愛他們

  你的描述：＿＿＿＿＿＿＿＿＿＿＿＿＿＿＿＿＿＿

- 買禮物送給我心愛的人

  你的描述：＿＿＿＿＿＿＿＿＿＿＿＿＿＿＿＿＿＿

- 其他的例子

  你的描述：＿＿＿＿＿＿＿＿＿＿＿＿＿＿＿＿＿＿

3. 恐懼曾經幫助我……

- 避開危險的動物

  你的描述：＿＿＿＿＿＿＿＿＿＿＿＿＿＿＿＿＿＿

- 不至於從屋頂或懸崖上掉下去

  你的描述：＿＿＿＿＿＿＿＿＿＿＿＿＿＿＿＿＿＿

- 保護我不至於受害

  你的描述：＿＿＿＿＿＿＿＿＿＿＿＿＿＿＿＿＿＿

- 在迎面而來的車輛就要撞上我時，我能夠即時轉向

  你的描述：＿＿＿＿＿＿＿＿＿＿＿＿＿＿＿＿＿＿

- 其他的例子

  你的描述：_____

4. 罪惡感曾經幫助我……

- 知道什麼時候該為我在乎的人辯護

  你的描述：_____

- 知道我做事偏離了正道

  你的描述：_____

- 對我傷害的人要求賠償與修復關係

  你的描述：_____

- 改變與修正自我傷害（挫敗）的行為

  你的描述：_____

- 其他的例子

  你的描述：_____

三 次級情緒

　　次級情緒（secondary emotions）之所以被稱為「次級」，是因為這些情緒不全然是在某種特定環境下所產生的適應性反應。同時，「次級」的原因也是因為它們出現在原始情緒之後，次級情緒是複雜的、非適應性的情緒。這些情緒經過我們腦中種種思考方式過濾而成，我們思考的方式包括自動化想法、評斷、假定和種種不理性的信念。複雜的次級情緒是經由學習而來的，而學習的楷模通常是我們的家人。

Don't Let Your
EMOTIONS
Run Your Life

以下是幾個次級情緒的例子：

- 因感到生氣而憤怒

- 因感到傷心而憤怒

- 因感到害怕而覺得羞恥

- 因感到害怕而覺得緊張

- 因感到傷心而覺得更傷心

你是如何學習到這些次級情緒的呢？最早是在你年幼時，你與親密家人相處的過程中，從他們身上學習到的情緒反應。在你生命剛開始的那幾年，在你身邊照顧你長大的成人對你的次級情緒之形成有絕對性的影響，即使他們並不是刻意的。如果你曾目睹你的父母親因為他們自己的情緒而發怒生氣，那麼他們處理情緒的方式能夠直接影響到你對情緒的認知與瞭解。

你的家人對於你自己內在情緒經驗的反應也會影響日後你的次級情緒之形成。例如，一個小男孩跌倒，膝蓋擦破皮，他並不知道這只是小傷並不礙事。但是小男孩覺得痛，嚎啕大哭，此時如果他的家人告訴他「男孩子不能哭」，他就會接受到社會文化對男性的期望。這個訊息會一般化。日後這個小男孩長大成為男人之後，當他面對失落或痛苦，那些會令他感到難過的狀況時，因為在社會文化的制約之下，這個男人會試著與自己的情緒切斷關係，並且下結論說自己只是太敏感了。他並沒有正確地面對自己的原始情緒，甚至為自己的敏感覺得羞恥。這種羞恥的感覺便是我們所說的次級情緒，這樣的次級情緒並不能幫助他適應他所面臨的處境。對他而言，「男孩子不能哭」這句話成為他一輩子必須遵守的命令。

四 回顧「口吐白沫之狗」的故事

　　讓我們回顧「口吐白沫之狗」的故事，來解釋什麼是「次級情緒」。你應該記得當我感到恐懼時，我的原始恐懼的情緒為了求生啟動我整個情緒系統。而它的確讓我得到安全，所以原始情緒是個有效的反應。

　　讓我們回到故事現場，當我倉皇地跑進便利商店時，遇到一群強壯的建築工人。我聽見他們嘲笑我，說我是個「懦弱的傢伙」、「這傢伙竟然怕狗怕成這樣，真膽小」等等。更糟的是，便利商店的店員竟然也加入他們一起嘲笑我。

　　我開始為我的害怕感到羞愧，即使我的害怕跟男子氣概根本沒關係。我只是要避免被一隻患有狂犬病的狗大咬一口而已。但我如果真的覺得自己膽小、懦弱、缺乏男子氣概的話，那麼我會對自己感覺羞愧。也許我會極端在意這些人對我的嘲諷，也會覺得被羞辱，因而被這些人所激怒，也許我會想要痛打這些人一頓，但又不敢，因為他們人多勢眾。我又想到毆打這些人不夠專業，若是因此犯下暴力行為，我以後如何在這個社區做人？這些想法也許可以困擾我一整天，讓我覺得心情糟透了。這是次級情緒的一個例子，解釋了「次級情緒」可以是多麼複雜，也可以是一團亂，卻又完全沒用的情緒。

五 次級情緒的實例

　　人們常透過衝動行為來處理次級情緒。他們也許會對惹他們生氣的人大喊大叫，或是透過大吃大喝、酗酒、依賴藥物，甚至是自我傷害來撫慰自己的情緒。這些衝動行為也許能夠暫時地平息與舒緩情緒，但是這些行為卻可能變成我們在面對情緒危機時一種固定而長期的行為反應，而且對我們完全沒有任何助益。

　　以下是幾個次級情緒的例子。仔細地閱讀這些例子，想想你是否能辨別這些情緒，然後寫下簡短的句子來描述你的感覺以及你處理的方法：

1. 因生氣而感到憤怒

描述：＿＿＿＿＿＿＿＿＿＿＿＿＿＿＿＿＿＿＿＿＿

2. 因哭泣而感到憤怒

描述：＿＿＿＿＿＿＿＿＿＿＿＿＿＿＿＿＿＿＿＿＿

3. 因為被嘲笑而覺得羞辱

描述：＿＿＿＿＿＿＿＿＿＿＿＿＿＿＿＿＿＿＿＿＿

4. 因感到生氣而覺得羞恥

描述：＿＿＿＿＿＿＿＿＿＿＿＿＿＿＿＿＿＿＿＿＿

5. 因感到傷心或生氣而覺得厭惡自己

描述：＿＿＿＿＿＿＿＿＿＿＿＿＿＿＿＿＿＿＿＿＿

6. 因感到緊張而覺得更緊張

描述：＿＿＿＿＿＿＿＿＿＿＿＿＿＿＿＿＿＿＿＿＿

7. 因感到快樂或歡欣而有罪惡感

描述：＿＿＿＿＿＿＿＿＿＿＿＿＿＿＿＿＿＿＿＿＿

8. 擔心快樂與歡欣的感覺會結束

描述：＿＿＿＿＿＿＿＿＿＿＿＿＿＿＿＿＿＿＿＿＿

Don't Let Your
EMOTIONS
Run Your Life

六 深入探討次級情緒

　　次級情緒最大的問題是不管是在你的生理上或是在社交上，都無法幫助你適應你所處的情境。相反地，通常我們會以一個既定的場合，判斷自己「應該」怎麼感覺來建構與增強我們的次級情緒，而不是我們「真正」的感覺。我確實希望這本書能夠讓你更自然地面對自己的原始情緒，也能避免次級情緒對你造成的影響，因而更能平衡這兩種情緒，也能在處理人際關係與人生的過程中更為熟練且更有效率。

　　在下一章中，我們會探討一些能夠幫助自己增加情緒強度的幾個重要因素。有些純粹是生理因素，那是在我們能立即控制的範圍之外；但有許多因素是在我們能力所及的範圍之內，那是我們可以檢視與改變的。生理因素像是營養不良或是睡眠不足的問題，讓我們容易產生強烈的情緒；其他則是負面思考、自我對話等等，這是屬於個人內在的因素。增進自我對這兩種因素的認識是改變它們的第一步。

Don't Let Your
EMOTIONS
Run Your Life

描述與命名你的情緒

·PART·
2

4

CHAPTER

為什麼我的情緒讓我如此痛苦？

　　我們已經討論過情緒的功能與用途了，但是那又如何？你也許經歷過情緒帶給你的痛苦，讓你不得不懷疑就算是為了生存，也不值得需要感到如此痛苦或混亂。我必須提醒你，不只是敏感的人才會對悲傷或恐懼感受如此強烈──事實上，每一個人都會有同樣的感覺。然而我們經歷的情緒強度的確有所差異，而情緒強度的差異確實與某些因素有關，這些因素包括：

- 生理狀況
- 脆弱性因素（vulnerability factors）
- 評斷與次級情緒反應
- 模仿與學習因素，以及其他環境因素

一　生理與情緒

　　我們曾說過，情緒是生理系統與反應網絡的一部分。沒有經過大腦的思考與過濾，你不會有情緒的反應。你的大腦一旦開始運作，無數的賀爾蒙與神經傳導素也就開始活動。我們所體會的情緒受到大腦直接的影響。當然，大腦活動、賀爾蒙分泌與其他作用也都與我們的飲食與睡眠習慣有

Don't Let Your
EMOTIONS
Run Your Life

直接關係。稍後我們會討論如何藉由改變生活方式以增加你的情緒復原力。現在我們要先來談談我們體內影響情緒的化學作用。

1. 皮質醇

這種賀爾蒙在幫助我們的身體新陳代謝蛋白質與碳水化合物的過程中扮演十分重要的角色，同時，它也與我們如何適應壓力與疲勞有重要的關係。最近的研究顯示，皮質醇（cortisol）分泌基準線較低的人們比較傾向患有創傷後壓力症候群（post-traumatic stress disorder, PTSD），這些人也常有注意力集中與衝動控制的問題。當我們遭遇創傷事件時，我們的大腦會分泌大量的皮質醇，當壓力與創傷的時間延長，皮質醇分泌量開始減低，但是受創傷的人卻顯示出對皮質醇分泌特別敏感，其高度敏感可能可以解釋為何有經歷重現的狀況。

2. 血清素

這種賀爾蒙有多項並且廣泛的功能，包括因應緊張時刻，我們對情緒的控制、感受與心情的調適等等。受苦於憂鬱症的人們常被認為他們大腦內的血清素（serotonin）分泌不足或是無法有效地運用。血清素的缺乏直接影響憂鬱心情的出現。碳水化合物的攝取與運動能夠增加血清素的分泌。抗憂鬱藥物多是血清素攝取抑制劑（serotonin reuptake inhibitors, SSRIs）以重複循環腦中的血清素，並且增加其分泌量。

3. 腦內啡

腦內啡（endorphins）與快樂愉悅的感覺有關，撫摸與運動會分泌腦內啡。如果你曾聽過「跑步亢奮」（runner's high）現象的話，你應該知道這是增加腦內啡分泌的一種方法，也可以解釋腦內啡對我們情緒的影響。人體直接的接觸與腦內啡分泌扮演重要的角色，以新生兒為例，不常被擁抱或是撫摸的嬰兒，他們早期的死亡率比一般嬰兒要來得高。

Don't Let Your
EMOTIONS
Run Your Life

二 脆弱性因素

　　脆弱性因素會增加你的反應與敏感程度，使你太過情緒化、太過衝動，或是為情緒所苦。就連平常沉著冷靜的人在疲倦時也會特別容易情緒化，容易生氣和急躁。治療藥方是什麼呢？就這個案例來看，好好地睡一覺是最好的辦法。如果你喝了一整天的咖啡，你也會特別容易急躁或焦慮。

　　以下我列出了影響情緒的脆弱性因素，仔細看看哪些因素適用於你，想一想還有什麼不在這個名單上，但有可能會增加你情緒脆弱的因素，將它寫在「其他」的部分。藉由仔細檢視與瞭解你的脆弱性，你可以學著如何減低它們的存在與出現的機會。脆弱性因素包括：

- 睡得太多或太少
- 攝取過多的垃圾食物
- 脫水
- 攝取過多咖啡因
- 飢餓或營養不良
- 飲食過量或不足
- 傷痛或創傷
- 生理或健康上的疾病
- 經濟困難
- 未充分就業或失業
- 工作過量
- 攝取過多的糖份
- 攝取過多的脂肪
- 近來發生的失落或意外事件

Don't Let Your
EMOTIONS
Run Your Life

- 近來發生的天然災害

- 近來發生的感情問題

- 成為犯罪事件（襲擊、強暴、偷竊或其他）的受害人

- 缺乏運動

- 疲憊

- 沉溺於個人最近的失敗挫折之中

其他：＿＿＿＿＿＿＿＿＿＿＿＿＿＿＿＿＿＿＿＿＿＿＿＿

＿＿＿＿＿＿＿＿＿＿＿＿＿＿＿＿＿＿＿＿＿＿＿＿＿＿＿

三 評斷、自我對話與詮釋

　　脆弱性會影響到我們的想法，鑽牛角尖，往最糟的情況去想。如果你是個男人，你也許會覺得感到恐懼或是悲傷是娘娘腔的行為，因此你會覺得更糟糕。你的情緒不只是單純地感覺到恐懼或悲傷而已，而是因恐懼而恐懼，因悲傷而悲傷，甚至因為這兩種感覺而感到羞恥。也許你會評斷自己是個軟弱、瘋狂或是失去控制的人。你自動化的想法與評斷直接影響你對情緒的感覺。這些評斷通常引導次級情緒的出現，對於你的生存、社會聯繫及健康福祉都不會有幫助。

　　如果你仔細想想，你會發現自己對情緒的評斷是從環境中學習而來的，不論是清楚或模糊、明示或暗示的方式，透過模仿，你學習到如何表達與控制情緒，以及對情緒的看法。你對自己的情緒有何評斷？它們又是從何而來？

　　好好地花一些時間檢視下列的信念，看看你擁有哪些想法。它們從何而來？你為何相信它們？堅信這些想法的優缺點又是什麼？好處是堅信這些想法也許只是因為這是最安全的方法，你不必再多做努力；缺點也許是你繼續一貫的模式，而那是一種沒有效率的情緒處理模式。

習慣性的想法與判斷力

1 **情緒是不好的、而且是愚蠢的**

你相信的程度：1 2 3 4 5

這個想法從何而來？ _____

堅持此種想法的優缺點：

優點是： _____   缺點是： _____

_____   _____

_____   _____

2 **我的情緒一點兒也不重要**

你相信的程度：1 2 3 4 5

這個想法從何而來？ _____

堅持此種想法的優缺點：

優點是： _____   缺點是： _____

_____   _____

_____   _____

3 **別人都不在乎我的情緒，我又何必理會**

你相信的程度：1 2 3 4 5

這個想法從何而來？ _____

堅持此種想法的優缺點：

優點是： _____   缺點是： _____

_____   _____

_____   _____

Don't Let Your
EMOTIONS
Run Your Life

4 表達我的情緒是一種軟弱的象徵

你相信的程度：1 2 3 4 5

這個想法從何而來？ _____

堅持此種想法的優缺點：

優點是： _____ 缺點是： _____

_____ _____

_____ _____

5 情緒化與失去控制是同義詞

你相信的程度：1 2 3 4 5

這個想法從何而來？ _____

堅持此種想法的優缺點：

優點是： _____ 缺點是： _____

_____ _____

_____ _____

6 女人不應該發怒

你相信的程度：1 2 3 4 5

這個想法從何而來？ _____

堅持此種想法的優缺點：

優點是： _____ 缺點是： _____

_____ _____

_____ _____

7 **男人不該恐懼**

你相信的程度:1 2 3 4 5

這個想法從何而來? _____

堅持此種想法的優缺點:

優點是: _____   缺點是: _____

_____   _____

_____   _____

8 **我絕對不能感到害怕**

你相信的程度:1 2 3 4 5

這個想法從何而來? _____

堅持此種想法的優缺點:

優點是: _____   缺點是: _____

_____   _____

_____   _____

9 **情緒化是一種軟弱的象徵**

你相信的程度:1 2 3 4 5

這個想法從何而來? _____

堅持此種想法的優缺點:

優點是: _____   缺點是: _____

_____   _____

_____   _____

10 情緒總是礙事

你相信的程度：1 2 3 4 5

這個想法從何而來？ _____

堅持此種想法的優缺點：

優點是： _____ 缺點是： _____

_____ _____

_____ _____

11 情緒是那些歇斯底里的人才有的

你相信的程度：1 2 3 4 5

這個想法從何而來？ _____

堅持此種想法的優缺點：

優點是： _____ 缺點是： _____

_____ _____

_____ _____

12 我希望我感覺不到任何事情

你相信的程度：1 2 3 4 5

這個想法從何而來？ _____

堅持此種想法的優缺點：

優點是： _____ 缺點是： _____

_____ _____

_____ _____

Don't Let Your
EMOTIONS
Run Your Life

13 永遠不可以有強烈情緒

你相信的程度：1 2 3 4 5

這個想法從何而來？ _____

堅持此種想法的優缺點：

優點是： _____ 缺點是： _____

　　　　 _____ 　　　　 _____

　　　　 _____ 　　　　 _____

14 我害怕我自己的情緒

你相信的程度：1 2 3 4 5

這個想法從何而來？ _____

堅持此種想法的優缺點：

優點是： _____ 缺點是： _____

　　　　 _____ 　　　　 _____

　　　　 _____ 　　　　 _____

　　還有嗎？利用以下空白的地方寫下你對情緒的想法與信念，清楚寫下這種想法或信念的來源，並且包括你認為堅持這些想法的優缺點是什麼。

_____

_____

_____

_____

Don't Let Your
EMOTIONS
Run Your Life

為你的想法排序

上述這些情緒的自動化想法與信念中，利用上面你在每個想法與信念中所列出的相信程度，1 到 5 的等級，找出等級最高的前五項信念，將它寫在下面的空白欄位裡。

當你完成這項練習之後，花一點時間讀一讀第九章「挑戰你的自我對話」。

前五項信念：

1. _____

2. _____

3. _____

4. _____

5. _____

四 模仿、否定與其他環境因素

次級情緒的反應有時會妨礙你的原始情緒。如果嚴重的話，你甚至會忘記你原來是有感覺的。你不再相信自己的原始情緒，剝奪它們作用與運作的機會。你拒絕它們，認為它們是無效的、不正確的，而且是不重要的反應。你將你的悲傷視為一些種弱點，而忽略了悲傷的感覺可能試著要傳達給你一些重要的訊息，提醒你人生重要的事件。

想一想在你成長的過程中，你的家人與你的互動，我很確定你應該記得父母對於你情緒溝通的反應。我不是說你得陷入回憶的漩渦裡，我指的是一些細節。例如，當你哭泣時，你是否曾經被他們生氣地告誡，甚至是威脅警告？那些可能傳達著某種訊息，也就是你的父母親可能並不同意你表達情緒的方式。我自己有個很悲哀的真實例子，我那氣憤的母親並沒有

告訴我：「喔，小提姆，媽咪不喜歡你哭。我很生氣，而且我要你馬上停止哭泣。」更糟的是，她告訴我：「你再哭，我會讓你哭得更厲害！」

你的父母如何表達他們的情緒呢？他們是極度地含蓄、極度地壓抑，還是對每一件挑釁的事件都怒氣衝天？他們的態度是前後一致還是變換無常？身為兒童，父母的示範對於我們未來的人生，在處理情緒的態度與方法上有著長遠的影響。我們似乎多少都能記錄下父母所示範給我們的模式。

在你的家族裡頭，你可能是最敏感、反應度高，也最情緒化的人。這沒有什麼好與不好，這就是事實。但是如果你在家人面前展示出你對情緒的容忍度低，或是出現強烈的情緒反應，那麼你在情緒爆發時，可能會一再地被否定，包括家人與環境的否定，他們會告訴你，你個人的情緒經驗，以及在大眾場合中處理情緒的方式不恰當，這是你該注意的地方，此時，你最好的方式應該要忍受不說話，保持沉默。

問題是你也許可以忍住一段時間不說，暫時讓你自己與你身邊的人過一段輕鬆日子，但那並不能教導你如何有效地解決問題，也無法讓你正確地為你的情緒命名。這種將你的情緒與情緒經驗過度簡化的做法會導致極端行為，將來你必須得要逼迫你身邊的人正視你的痛苦，認真對待你。如果你痛苦地掙扎於某些行為，例如傷害自己、威脅自殺、狂怒或是其他的「發作」（acting out）行為，這些偏差行為的背後隱含著清楚的功能與目的。

如果你有這些行為，你很清楚周遭的人一定會注意到，因為這些離譜的行為不容易被忽略。當你所處的世界對你伸出援手，證實了你極端的行為產生了效用，這種問題行為便得到增強——也會促使再次發生的可能性。你會想「為何我們不這麼做呢？」因為這些行為讓你的情緒得到他人的注意，而這些全都是我們所需要且想要的反應。

五 你曾經經歷過情緒被否定的情況嗎？

看看以下的陳述，檢視你在與自己或與他人溝通時，你是否接受到這些觀念。你會察覺到以下有些觀念是來自別人直接與輕蔑地拒絕你的需求。這個練習的目的是幫助你增進個人對於經驗的察覺力。如果你記得在成長的過程中，曾經不斷接受到這種訊息的話，請你在旁邊劃上記號，如果你有三個以上的記號，那麼你很有可能是在情緒被否定的環境之下長大成人。

- 你只是個大孩子
- 為什麼你就不能像你的兄弟、姊妹或朋友一樣？
- 你要是不停止哭泣，我就讓你哭得更厲害
- 男孩是不哭的
- 娘娘腔的人才會哭
- 你的問題是你很懶惰
- 你就是一事無成
- 別大驚小怪
- 你太敏感了
- 你永遠不會滿足
- 閉嘴！
- 你真笨
- 你真是丟臉
- 別抱怨了，真吵
- 好孩子是不會抱怨的
- 你為什麼總是抱怨？

- 你吃東西像豬一樣
- 你這是在反駁我嗎？

其他：_____

　　回想你的童年回憶，有沒有類似的情緒被否認？例如當你難過哭泣時，被告知：「我會讓你哭得更厲害」、「男孩子是不哭的」，或是「閉嘴」。描述你曾經想要表達內心的感受與經驗，結果卻是白費力氣。想一想經常發生在你身上情緒被否定的經驗，你描述起來會容易一些，別捏造或誇大事實。只要認真想想當時的狀況，你想要表達的是什麼？對象是誰？對方的反應是什麼？你的感受又是如何？你認為這個事件日後如何影響你？如果你相信自己正以同樣的否定態度對待正與你共事或是與你同住的人，藉由回想這些經驗將會幫助你改善你與他們的互動關係。

描述被否定的經驗

1 否定狀況一

描述人、事、地：_____

_____

_____

當時你想要表達的是什麼？_____

_____

_____

你如何被否定？你被辱罵？被忽略？或是你的需求被降到最低？_____

_____

_____

當你被否定時，你的想法與感受是什麼？_____

_____

_____

對於這樣的否定，你的反應是什麼？效果如何？有效或無效？_____

_____

_____

在這之後，你的想法與感受是什麼？你又如何適應被否定之後的情況？

_____

_____

這樣的經驗如何影響你現在的生活？_____

_____

_____

2 否定狀況二

描述人、事、地：_____

_____

_____

當時你想要表達的是什麼？_____

_____

_____

你如何被否定？你被辱罵？被忽略？或是你的需求被降到最低？_____

_____

_____

當你被否定時，你的想法與感受是什麼？_____

_____

對於這樣的否定，你的反應是什麼？效果如何？有效或無效？_____

_____

在這之後，你的想法與感受是什麼？你又如何適應被否定之後的情況？

_____

這樣的經驗如何影響你現在的生活？_____

_____

3 否定狀況三

描述人、事、地：_____

_____

當時你想要表達的是什麼？_____

_____

你如何被否定？你被辱罵？被忽略？或是你的需求被降到最低？_____

_____

_____

Don't Let Your
EMOTIONS
Run Your Life

當你被否定時，你的想法與感受是什麼？＿＿＿＿＿＿＿＿＿＿

＿＿＿＿＿＿＿＿＿＿＿＿＿＿＿＿＿＿＿＿＿＿＿＿＿＿＿＿

＿＿＿＿＿＿＿＿＿＿＿＿＿＿＿＿＿＿＿＿＿＿＿＿＿＿＿＿

對於這樣的否定，你的反應是什麼？效果如何？有效或無效？

＿＿＿＿＿＿＿＿＿＿＿＿＿＿＿＿＿＿＿＿＿＿＿＿＿＿＿＿

＿＿＿＿＿＿＿＿＿＿＿＿＿＿＿＿＿＿＿＿＿＿＿＿＿＿＿＿

在這之後，你的想法與感受是什麼？你又如何適應被否定之後的情況？

＿＿＿＿＿＿＿＿＿＿＿＿＿＿＿＿＿＿＿＿＿＿＿＿＿＿＿＿

＿＿＿＿＿＿＿＿＿＿＿＿＿＿＿＿＿＿＿＿＿＿＿＿＿＿＿＿

這樣的經驗如何影響你現在的生活？＿＿＿＿＿＿＿＿＿＿＿

＿＿＿＿＿＿＿＿＿＿＿＿＿＿＿＿＿＿＿＿＿＿＿＿＿＿＿＿

＿＿＿＿＿＿＿＿＿＿＿＿＿＿＿＿＿＿＿＿＿＿＿＿＿＿＿＿

被否定的省思

在你人格形成的過程中，情緒被否定所帶來的最大問題，是你並沒有被教導任何有效的技巧或方法來辨識你的情緒、自我安慰（self-soothing）或解決問題。情緒被否定讓你覺得自己的問題並不重要，在這種環境之下，可能會導致你無法改善你的某些人格特質，例如懶惰或愚笨。這是十分令人沮喪的。

另一個問題是你會把這些被拒絕的訊息帶入你的成人生活，開始自我否定，你可能會發展出一種型態，懷疑自己，不把自己的問題當一回事，或是過度依賴你所處的環境為你決定你該做什麼？該想什麼？該感覺什麼？甚至是為你決定你能夠要求什麼？

Don't Let Your
EMOTIONS
Run Your Life

　　停下來，好好想想你是否曾經將被否定的經驗內化，如果你的答案是肯定的，你可能已經注意到這內化的過程是有跡可循的，源自於你的童年時期。你應該會注意到，將被否定的經驗內化，讓你在面對特定的人或情況時會感覺特別困難，因為，這些人事物會讓你想到過去被否定的情境。稍後在第九章時，我們將會探索如何挑戰那些你已內化的被否定的情緒。

自我否定的察覺

在你成長過程中，被否定的經驗告訴了你什麼樣的訊息？＿＿＿＿＿＿
＿＿＿＿＿＿＿＿＿＿＿＿＿＿＿＿＿＿＿＿＿＿＿＿＿＿＿＿＿＿＿
＿＿＿＿＿＿＿＿＿＿＿＿＿＿＿＿＿＿＿＿＿＿＿＿＿＿＿＿＿＿＿

什麼樣的狀況或處境比較容易觸發你的自我否定？＿＿＿＿＿＿＿＿
＿＿＿＿＿＿＿＿＿＿＿＿＿＿＿＿＿＿＿＿＿＿＿＿＿＿＿＿＿＿＿
＿＿＿＿＿＿＿＿＿＿＿＿＿＿＿＿＿＿＿＿＿＿＿＿＿＿＿＿＿＿＿

描述你是否／如何試著忽略你的感覺、想法或需求：＿＿＿＿＿＿＿
＿＿＿＿＿＿＿＿＿＿＿＿＿＿＿＿＿＿＿＿＿＿＿＿＿＿＿＿＿＿＿
＿＿＿＿＿＿＿＿＿＿＿＿＿＿＿＿＿＿＿＿＿＿＿＿＿＿＿＿＿＿＿

描述你是否／如何過度簡化生活中你所面對的問題與挑戰：＿＿＿＿
＿＿＿＿＿＿＿＿＿＿＿＿＿＿＿＿＿＿＿＿＿＿＿＿＿＿＿＿＿＿＿
＿＿＿＿＿＿＿＿＿＿＿＿＿＿＿＿＿＿＿＿＿＿＿＿＿＿＿＿＿＿＿

描述你的自我否定如何影響到你對自己的感覺與想法：＿＿＿＿＿＿
＿＿＿＿＿＿＿＿＿＿＿＿＿＿＿＿＿＿＿＿＿＿＿＿＿＿＿＿＿＿＿
＿＿＿＿＿＿＿＿＿＿＿＿＿＿＿＿＿＿＿＿＿＿＿＿＿＿＿＿＿＿＿

Don't Let Your
EMOTIONS
Run Your Life

六 你的情緒學習榜樣

在孩童時期，你透過觀察別人如何處理情緒、表達自己，或否定自己，甚至是對自己的過度反應等等，發展出你個人處理情緒的模式。想想在你的幼年及青少年的成長過程中，你的家庭裡，哪些人是你主要的情緒學習榜樣？想想你的父母、監護人、叔伯、嬸嬸、兄弟姊妹、祖父母、保母、老師、牧師等等，列出五個你最主要的學習榜樣。

我的情緒學習榜樣是：

1. _____

2. _____

3. _____

4. _____

5. _____

其他：_____

_____

接下來的練習，我要你想想以上你所列出的五個人中，如果你只能列出兩三人也沒關係。針對你所列出的榜樣，利用以下的空白欄位，寫上他們的名字，與他們主要的情緒模式（一般的情緒特質），然後寫下簡單的摘要，描述你對這些人的記憶。

想一想在你的記憶中，他們是生氣的？平靜的？平衡的？不平衡的？憂鬱的？緊張的？等等。最後，總結你從這些榜樣學到的情緒處理方式有哪些？例如，你是否學到忽略你的情緒？你是否學到失去控制？長期的憤怒？或是批評那些顯露出情緒的人？等等。

在結論中，你也可以寫寫你對這些榜樣的看法，說說他們對你的影響是好的或是對你有害。

1. 情緒學習榜樣一： _____

情緒風格： _____

我從這個人身上學到什麼？ _____

_____

_____

_____

_____

2. 情緒學習榜樣二： _____

情緒風格： _____

我從這個人身上學到什麼？ _____

_____

_____

_____

_____

3. 情緒學習榜樣三： _____

情緒風格： _____

我從這個人身上學到什麼？ _____

_____

_____

Don't Let Your
EMOTIONS
Run Your Life

_____

_____

4. 情緒學習榜樣四： _____

情緒風格： _____

我從這個人身上學到什麼？ _____

_____

_____

_____

_____

5. 情緒學習榜樣五： _____

情緒風格： _____

我從這個人身上學到什麼？ _____

_____

_____

_____

_____

七 情緒讓你痛苦的來源

　　我希望以上的練習能夠讓你明白為什麼情緒會讓我們這麼痛苦。

　　總而言之，與生俱來的生理因素，不管是創傷、頭部受傷、長期的或是營養飲食的影響，你在情緒上所經歷的失調有很大的原因只是你的身體與頭腦正在執行著它們應該執行的任務而已。它們與你的態度是好是壞無

關。再者端視你的休息程度、飲水多寡、營養攝取、藥物使用、意外的發生或是疾病的產生等等，你的情緒基準線也會受到影響。這些因素會影響情緒的激起與冷卻的過程，也會影響你對自己是否有能力應對或處理情緒的評估。另一個因素是當你的情緒被喚起時，你的大腦告訴你的訊息能夠影響你如何控制情緒。最後，你從情緒榜樣身上所學到的情緒處理方法也會提供你情緒的處理模式。

下一章我們將從一般的情緒察覺轉移到一種特別的察覺技巧，稱之為「內觀技巧」。

5
CHAPTER

內觀情緒

　　什麼是內觀（mindfulness）？這是一種練習，透過練習，讓你能覺醒，參與你的生活，以及學習到如何安定自己的生活。透過練習，你能夠察覺自己一舉一動的目的。在體驗情緒的同時，你能夠察覺到情緒的存在與變化。內觀包含了兩個重要的面向：專心與目的。

　　「內觀」本身是矛盾的概念。它很容易，也很困難。容易指的是無論你到哪兒，面對任何人生的處境，你都擁有一切所需的裝備與機會來練習內觀。難的是我們所處的世界與我們本身的習慣常常阻止我們練習內觀。

　　你相信嗎？內觀法的技巧對那些敏感的人幫助特別大。許多心理學臨床資料與文獻清楚地指出情緒察覺與進一步控制情緒之間的關連性。在DBT 中，內觀法來自於傳統的冥想練習，但內觀並不只是冥想而已。你並不需要雙腿盤坐、緊閉雙眼、禁食或是誦經才能練習內觀，也許有些人需要在一個正式的場所或特定的時間來做練習，我並不反對；但現在，在你的日常生活裡你就能夠練習對於管理情緒十分有幫助的內觀法。

一 內觀法的本質

首先，讓我澄清一些關於內觀法的重要觀念。

內觀法是：

- 幫助你更能「察覺」你的情緒
- 幫助你更能專注於「你的目標」
- 幫助你更能「參與」你的人生經驗
- 幫助你「活在當下」，把握生命中的每一刻

內觀法「不」是：

- 放鬆（但也許你會感受到）
- 空談或是逃避現實
- 「將你所有的情緒打包收好」（getting it all together）
- 被動消極或冷淡無情緒

內觀法確實有消極的特徵，但內觀法可以幫助你以自身的體驗，更貼近你的生活，使生活更豐富。內觀法並不是什麼心理戰術，也不是所謂的「正面思考」（positive thinking），正如同 Jon Kabat-Zinn（1994）所說：「我們很容易就會被正面思考所困住，像個囚犯一樣。正面思考有其限制性、脆弱性、不正確的、迷惑人的、自私的，甚至是錯誤的特性。」（95）內觀法強調的是讓我們放下對自己、對別人與對現實生活先入為主的成見。透過練習內觀法，你能增加自己對事物的認知能力，在某些場合裡，你能警覺到自己的偏見，而避免不必要的行動與反應。

在 DBT 中，內觀法被稱做「中心內觀法」（core mindfulness），因為它是技巧與技巧之間相互連結的中心，內觀法能帶領你通往其他的練習，例如在稍後我們會討論到的接納與自願性練習。

Don't Let Your
EMOTIONS
Run Your Life

二 內觀法「是什麼」的技巧

Marsha Linehan（1993）提及內觀法的「是什麼」與「如何做」兩大類技巧，我們先從內觀「是什麼」技巧談起。

（一）觀察

我們先從「注意」（noticing）你的環境、想法、感覺與經驗開始，默默地注意，不採取任何行動，也不要加以評斷，特別是你的情緒。

- 觀察你目前的情緒。
- 純粹觀察事情本身，不做任何反應，也不要試著馬上改變它。
- 試著不要對你所經驗的情緒做反應。試著告訴自己：「我注意到自己感覺到歡喜／悲傷／愛。」
- 當你的想法與感覺來來去去，就讓它們自然地出現、消失。控制你的注意力，而不是你眼下看到的事情。別拒絕感覺任何情緒，也別緊握著某種情緒不放。
- 對於你心中出現的每一個念頭與感覺，小心翼翼的保持警覺。
- 注意五種感官知覺帶給你的訊息，這五種知覺包括視覺、聽覺、觸覺、嗅覺與味覺。

（二）描述

練習過了「觀察」之後，接下來我們可以用文字描述你的情緒。客觀地描述，並且保持簡單，不必複雜。剛開始，你若是覺得很困難，不必太過緊張。如果你的情緒榜樣教導你要忽略或是小看自己的情緒，那麼你在他們身上所學到情緒處理方法正與內觀法所強調的方法完全相反，因為內觀法強調你要注意自己的情緒。

Don't Let Your
EMOTIONS
Run Your Life

如果找到自己的感覺對你來說真的那麼困難與不自然，你也可以試著先練習告訴自己：「我注意到自己的存在，自己的感覺。」如果確定自己的想法讓你覺得沮喪，你不妨告訴自己：「現在我的心裡念頭很多，它們出現得又急又快。」大聲說出來，聽見自己的聲音會讓這個練習容易一些。

（三）參與

經過重複練習以後，內觀法可以促進你參與自己的生活與經驗。透過內觀法，你可以全然地感覺到你每一個情緒，當它出現時，你不必決定是否要愛它或是恨它，就只要很單純地接受它。換句話說，活在「當下」，體驗你每一刻的情緒。如果你需要計畫未來，那麼在那一時刻，就全心全意地計畫未來。讓你自己成為當下所發生事情的一部分，而不需要過度執著或是扭扭捏捏，自我意識太重。

放下你的擔心，例如：「別人會怎麼看我？」或是「我的表現如何？是很好呢？還是普通而已？」別擔心自己是否完美或是在他人面前的表現如何。專注於當下的經驗與感受。試想奧運選手，他們是如此地專注在運動場上的表現，他們並不在乎此時全世界的眼光都聚集在他們身上。而全心全意注意他們當下正在做的事情與正在體驗的經驗。

三 內觀法「如何做」的技巧

現在讓我們來看看要如何內觀，Linehan（1993）所提出的技巧包括：

（一）不做批評與判斷

● 瞭解「事實」，沒有什麼是你「應該」或是你「必須」做的，也沒什麼是對與不對。

● 「接納」每一個情緒，就像是散布在毯子上的每條棉線，以及掉落在上面的樹葉。

- 「承認」你的情緒，不管它是具有傷害性或是有所助益的情緒，都不要妄加評斷。
- 一旦你發現自己正評斷你的情緒，對於這種情況不要加以評斷。

（二）專心一致

- 一次只專注一項活動，當你吃東西時，就只是吃東西；當你開車時，就只要開車；當你走路時，就只是走路。如果你開始焦慮，就完全專注於自己焦慮的情緒。
- 不要分心，不管它們是強烈的情緒、想法或行動，不要受它們干擾，回到你正在努內進行的內觀。
- 集中你的注意力，一旦你注意到自己同時做兩件事情，停止其中一件事，回到一件事情上，全心全意地。

（三）實際有效

- 專注於正在進行的事情，從事目前處境所要求的工作，不要執著於必須找出「完美的」解決之道。不要受限於對或錯、公不公平以及應不應該的想法。
- 遵照內觀的原則進行，不要拿石頭砸自己的腳。
- 不要執著於你希望事情如何進行，只做目前情境需要你做的事。
- 心中謹記著你的目標，並且採取實際有效、可以幫助你達到目標的行動。
- 釋放自己的報復心理、無用的憤怒，那些只會傷害你，並沒有任何作用或幫助。
- 避免憤怒行事或做些到頭來只會傷害自己的事情，對於別人犯的錯，不要怨恨或是反覆思索，當時也許你會得到滿足，長遠看來，這些行為想法終究會傷害到你。

Don't Let Your
EMOTIONS
Run Your Life

四 命名與描述你的情緒

　　情緒研究專家相信用語言表達情緒是管理情緒的一部分。能夠辨別（或察覺）情緒並且能夠以對他們有意義的方式來描述情緒的人，通常能夠快速地減少負面情緒與壓力，並且能夠管理情緒。

　　如同 Linehan（1993b）所說：「透過學習觀察你的情緒，你學到的是將你自己與情緒分隔，但你仍與情緒同在。為了要能控制情緒，你必須與自己的情緒切割，你才能思考，並且運用策略來應付你的情緒。但你又必須與情緒同在，這樣才能記住情緒是你的一部分，而不是與你無關的東西。」（89）

　　綜合論之，運用內觀法到情緒管理的基本理由包括：

- 學習將你的情緒分隔開來
- 與你的情緒同在，成為你情緒的一部分
- 運用處理技巧（有效性）更加管理好你的情緒

　　如果你缺乏詞彙，要辨識與表達你的情緒自然是很困難的事。花一點時間，翻閱本書後面所附的「情緒詞典」。看一看各種情緒的同義詞。當你看到一些詞彙能夠表達你以前所經歷的情緒時，在該詞彙旁邊的空格做個記號。我當然不能列出所有符合你情緒的字詞，在我預留的空白處，你可以寫下你自己想到的形容詞。你也會注意到我在這個情緒詞典中一一列出字源，讓你明白這字彙的來源，藉此幫助你瞭解該字所表達的情緒其背後的動力。當你讀完這個詞典，你應該對於開始內觀情緒的練習有更充分的準備。

Don't Let Your
EMOTIONS
Run Your Life

開始內觀情緒

這裡是一些闡述與表達內觀法的例子,當然很快的你也能有自己的例子。

1 當你覺得憤怒時

- ☐ 「我注意到我的下巴會緊繃……雙手握拳。」
- ☐ 「我觀察到我生氣了……我注意到我有衝動想要頓足踩腳。」
- ☐ 「我注意到我對『某某人』(填入對方的名字)很生氣。」

2 當你覺得悲傷時

- ☐ 「我注意到我正在逃避別人。」
- ☐ 「我觀察到我覺得空虛與精疲力竭……我注意到我失去活力。」

3 當你感到歡欣時

- ☐ 「我觀察到我想要跳上跳下……我觀察到我在微笑。」
- ☐ 「我觀察到我覺得活力充沛……我注意到我有衝動想要大笑。」

4 當你覺得快樂時

- ☐ 「我注意到我正在笑……我觀察到我覺得自己精力充沛。」
- ☐ 「我注意到我感到強壯……我觀察到自己很專注。」

5 當你覺得羞辱

- ☐ 「我注意到自己正在經歷著不好意思……我注意到有種衝動想要逃開這個對我失望的人。」

Don't Let Your
EMOTIONS
Run Your Life

☐ 「我觀察到我有『真恨我自己』的想法⋯⋯我注意到我有道歉的渴望。」

現在你讀完這些例子,請放下這本書,挺直坐好,閉上眼睛(在你讀完整個說明之後)。做個深呼吸,觀察你現在心中所有的想法與情緒。你注意到了什麼?描述你所觀察到的,避免對你的情緒或想法做任何對與錯的評斷。盡量描述清楚。當你完成這個基本練習之後,繼續下一個練習。

觀察與描述你的情緒(一週的情緒)

利用以下的練習單來練習觀察與描述你的情緒。記住,別對你的處境做對或錯的評斷,保持客觀的事實,感受你當下的情緒。這絕對不會害了你,不管你感到多麼糟糕。以下是如何記錄內觀法的例子。即使你只練習內觀十秒鐘,也要記錄下來,因為在你打開這本書之前,就能夠進行十秒鐘的練習,日後必能持續更久。注意情緒的全系統反應,任何事情發生,告訴你感到特定的情緒,都要清楚記下,也記下在你練習時所面臨的每一個挑戰與讓你分心的事情。根據你的需要影印多份練習單。

觀察與描述你的情緒（範例）			
日期	情緒	觀察與描述報告	挑戰與分心之事
星期一	憤怒	我注意到我有一些氣惱	想法：這不該發生
星期二	歡欣	我注意到我的心中充滿歡樂	擔心快樂會結束
星期三	恐懼	我注意到我有些忐忑不安	為害怕與緊張而不舒服
星期四	憤怒	我注意到我的下巴緊繃	自己是對的，想要報仇
星期五	吸引力	我的心怦怦亂跳，我注意到我有「想要親吻我的約會對象」的想法	想到過去曾被拒絕的經驗
星期六			
星期日			

觀察與描述你的情緒			
日期	情緒	觀察與描述報告	挑戰與分心之事
星期一			
星期二			
星期三			
星期四			
星期五			
星期六			
星期日			

Don't Let Your
EMOTIONS
Run Your Life

五 內觀活動的練習

　　詳讀以下各練習的說明，熟悉以後，選出幾項適合你的練習。仔細照著說明進行練習。有些練習像是冥想靜坐，需要你找個安靜的地方靜下心來。有些練習則是設計用來使用於你的日常生活之中，例如舞會、工作、上課或是約會等等。內觀法要讓你更能參與你的生活，而不是要讓你成為隱居遁世者。內觀法是一種練習，能讓你活得更全面、更覺醒。在每一個練習之後，寫下你在練習時腦中曾出現的分心念頭或價值判斷，也要寫下你是如何能回到專心地練習之中。

　　這些練習的設計是要幫助你發展出內觀法的基本技巧，這是需要一些時間的。第一組練習主要集中在訓練你將內觀法帶入日常生活中，例如吃飯、開車、刮鬍子等等。第二組練習則是將內觀法帶入日常的情緒中，例如愛、恐懼、罪惡感等等。這些練習經過完善與精心的設計，而且架構良好（一開始，你也許會發現這練習的設計有些令人討厭，但是到後來你會很驚訝的發現其用意，並且感到自在）。這些練習是很正式的，但你也不必穿著燕尾服做練習。

內觀練習注意事項

　　這裡是一系列可以運用到日常生活中的內觀法練習。本章的每一個練習中，在練習單上寫下你的想法與反應。根據你的需要，將所有你認為能夠應用在你日常生活中的練習與其他內觀法的練習單，影印足夠的份數。

做這些練習的過程中，你遭遇到的困難有哪些？_____

_____

_____

做這些練習時你會胡思亂想嗎？＿＿＿＿＿＿＿＿＿＿＿＿＿＿＿＿

當你胡思亂想時，你又是如何回到練習上？＿＿＿＿＿＿＿＿＿＿＿＿

＿＿＿＿＿＿＿＿＿＿＿＿＿＿＿＿＿＿＿＿＿＿＿＿＿＿＿＿＿＿＿＿

＿＿＿＿＿＿＿＿＿＿＿＿＿＿＿＿＿＿＿＿＿＿＿＿＿＿＿＿＿＿＿＿

如果你對自己或練習有任何的評斷，那是什麼？＿＿＿＿＿＿＿＿＿＿

＿＿＿＿＿＿＿＿＿＿＿＿＿＿＿＿＿＿＿＿＿＿＿＿＿＿＿＿＿＿＿＿

＿＿＿＿＿＿＿＿＿＿＿＿＿＿＿＿＿＿＿＿＿＿＿＿＿＿＿＿＿＿＿＿

（一）內觀你的身體

　　輕鬆且舒服地躺在床上、地板上或是沙發上。雙臂微微地張開。鼻子輕輕吸氣，緩緩地從口中呼出。專心注意你的呼吸，注意你的肚子變大縮小。閉上你的眼睛，全心注意你的身體。想一想你所躺的床、地板或沙發，是硬的？還是軟的？你是躺在柔軟的床單被子上？或是粗粗的地毯上？還是冰冷的地板上？全心注意你身體的感受，不要忽略任何一種感覺。對於支撐你身體的床、地板或沙發，你的感覺如何？你又注意到了什麼？專注在你躺下的感覺，這一刻，試著不要分心與胡思亂想，如果覺得地板太硬，就告訴自己「我注意到地板很硬」。

　　注意你的雙臂與雙腿的感覺，以及雙手的姿勢，如果你發現自己有評斷這練習的想法，停止念頭，回到練習，只要注意到你有這個念頭就好，把注意力抓回到你的身體正躺在床上、地板或沙發上。專注於「當下」發生的事情，而不是你希望會發生或可能發生的事。如果你轉換念頭，離開當下，緩緩地將注意力拉回到你的身體與你的姿勢。在這個練習之中，只要分心了，就不停地、一再地把你的念頭拉回來。

　　「原理」：察覺你的身體，能夠幫助你瞭解自己是否需要看醫生，尋求醫療協助。也能幫助你在想放鬆的時候，得到充分的休息。忘卻一些外部

的想法和擔心，以及那些阻礙你只是要平躺下來的其他活動。

（二）淋浴時的內觀

把水溫調到適當的溫度，開始淋浴。站在蓮蓬頭下，閉上你的眼睛，緩緩地呼吸。集中注意力在你的呼吸上面，將你的注意力放在淋浴的經驗。注意到你所感受的每一件事。注意到水溫及水蒸氣的熱度。注意到你的身體如何的放鬆，你的肌肉慢慢地鬆弛。注意皮膚的感受，感覺如何？香味又是從何而來？是水？香皂、沐浴乳？還是洗髮精？

保持你的念頭，停留在當下。經驗淋浴的過程，活在當下這一刻，如果你開始想洗完澡以後要做什麼事，放下這些擔心未來的想法，專注於當下，回到這一刻，回到淋浴的體驗。察覺到自己的存在與正在淋浴的時刻。如果你胡思亂想，只要注意到自己在胡思亂想，然後停下來，緩緩地吸一口氣，抓回你的注意力，專注在淋浴上。如果你注意到自己正在評斷自己的身體、淋浴方式或是這個練習，只要注意到自己有這個想法，然後放下它，回到當下，回到淋浴上。持續這個練習五到十分鐘。

「原理」：如同你重新整理你的生活，你可以從整理淋浴這一段時間的經驗開始，例如沐浴，你可以好好享受沐浴的體驗。這些體驗能帶給你滿足、舒服的感覺，進而增加你愉悅的經驗。這是另一個在我們日常生活中可以練習內觀法的例子。

（三）刮鬍子時的內觀

準備好刮鬍子。拿出刮鬍刀、刮鬍霜、收斂水，所有你刮鬍子需要的東西。緩緩地呼吸，專心在這一刻。當你抹上刮鬍霜時，注意到皮膚的感覺，察覺刮鬍水接觸身體，這種觸覺傳達給你的訊息。注意你的皮膚、你的臉，或是你的腿（如果你是除腿毛的話）的感覺。注意刮鬍霜的味道，注意你皮膚對溫水的反應。注意刮鬍刀刮過鬍渣的感覺。如果你刮傷了自己，也不要立刻做出判斷說這是不好的事，或是因此放棄。只要注意到發

生了什麼事情，稍做必要的處理即可。從接受事情的本質開始做起，而不是執著於事情「該」怎麼辦。如同你拿著刮刀貼著臉，沿著腿，你要非常注意刮刀的方向，控制力道，不要嘗試做其他的事情。集中注意力只做刮鬍子這件事，只要描述你所有的感覺，專心注意你身體的感覺。

「原理」：對大多數的人而言，刮鬍子是我們每天的例行活動，這提供了我們練習內觀的機會。練習如何體驗與接受當下——當然你也會發現若是你能更專心準備以及加強刮鬍子的技術的話，你刮傷臉的機會會少一些。對那些不喜歡自己的臉或身體的人來說，這是一個練習接受自己外觀的簡單練習。如果你急著去上班，一刮傷自己，你就生氣，這個練習可以幫助你察覺到自己的情緒，並且放輕鬆地接受這件事就只是「發生」了，而不是特別針對「你」而發生。

（四）運動時的內觀

下一次你從事各項運動時，例如：跑步、暖身、伸展、舉重等等。當你開始運動之前，花幾分鐘靜下心來，去除你腦中跟運動無關的念頭。做個深呼吸，全心專注在你的呼吸上，體驗到你的身體狀態。如果你在跑步，心裡知道你正在跑步，觀察並且描述之，告訴自己「我正在跑步……我注意到我的腿部肌肉正在放鬆收縮……我注意到我的心跳加速……我注意到我吸氣呼氣、吸氣呼氣……我注意到我的呼吸急促了……」等等。

如果你在練習舉重，從容並且非常小心地注意你的姿勢。注意啞鈴在你手中的感覺。當你上下舉重，注意你的上臂二頭肌的收縮。試著描述運動的感覺。「我注意到我的肌肉變熱……我注意我的肌肉累了」。如果你開始分心，有種想要停止運動的念頭，只要注意到你有這些念頭並且描述給自己聽：「有一個念頭出現，告訴我停止運動。」然後停下來，緩緩地呼一口氣，把注意力回到你的身體與運動上，專注於當下、運動以及身體上。

Don't Let Your
EMOTIONS
Run Your Life

　　「原理」：在運動過程中，全心注意身體的感覺與改善姿勢能夠幫助你避免運動傷害。運動前後花點時間做伸展動作與暖身活動以幫助你專注於身體的感覺。許多優秀的運動選手與教練也表示在訓練期間專心於體能狀態，以及放下無關的念頭是一種很好也是很安全的訓練。

（五）吃飯時的內觀

　　下次吃飯或吃點心時，試著做這個練習。你也可以在與別人吃飯時練習內觀，別人不會知道，但你如果想要自己先練習，就先試試看。吃飯時坐下來，看看你的食物。注意你的坐姿，坐直了，但要舒服。不要垂頭喪氣，或是彎腰駝背。緩緩地呼吸，把你的注意力抓回當下。好好地看著你的食物，注意每一樣食物所呈現的樣貌，不管你在吃什麼，聞一聞味道，不要狼吞虎嚥，好好地細嚼慢嚥。不管你是用手或是餐具夾起食物，好好地觀察食物的形狀、質地與顏色。如果你吃的是零食，注意食物在你手指中的感覺如何。是熱的？還是冷的？是棕色的？黃色的？或是鮮紅色的？讓食物的香味充滿鼻腔，注意你的鼻孔張開聞味道的過程。

　　當你吃下第一口，細細嚼，慢慢嚥，還沒吃完第一口，別急著吃下一口，故意嚼得非常慢，確定現在的你就只是吃飯而已。不要邊讀報紙或書刊。不要分心看你的工作表或是想到與工作相關的事。全神專注在吃飯這件事上。如果你注意到自己開始做別的事情，只要注意到自己開始做兩件事，而不只是一件，把跟吃飯無關的事推到一旁。如果你分心想到吃完飯後要做什麼，或是你想到要是吃飯時間能更長那該多好，停止這些念頭，緩緩地呼吸，把你自己帶回吃飯這件事上，一次吃一口，品嚐美味，享受這一頓飯的每一口滋味。

　　注意你吃飯的體驗。什麼東西會刺激你的口水分泌？當你開始感到滿足，或是覺得飽或是太飽的時候，你的情緒又是如何？注意當下那一刻發生的事，只是那一刻。放下讓你分心的事、匆忙的心情，或是對時間、飲食習慣的判斷等等。

Don't Let Your
EMOTIONS
Run Your Life

「原理」：我們之中有許多人吃起飯來急急忙忙，要不是吃太多，就是吃太少。內觀練習能幫助你瞭解你吃的是什麼，以及你吃飯的時間。它也能幫助你真正享受食物的味道。你畢竟不是狼吞虎嚥、只要將食物送入食道的動物，你是能夠品嚐享受食物美味的人類。這個練習的最後一個理由是許多人吃飯時被食物噎到，阻塞食道，正是因為他們沒有好好咀嚼食物就吞下，或是吃飯時滿嘴食物與人說話。這個練習可以讓你不會成為噎食窒息的受害者。

（六）對東西的內觀

坐在椅子上，坐直，專心但不必太緊張。手放在膝蓋上，確定你的姿勢是平衡對稱的，而且是舒服的。坐好之後，鼻子吸氣，嘴巴吐氣，專注在你的呼吸上。環顧四周，注意看看房間裡有什麼東西。對自己描述你看到的東西：時鐘、椅子、畫，也就是那些你正在看到的東西。不要評斷它們是美是醜。不要有一些想法，像是：「我的老天，我們以前怎麼會買『這種』東西啊！」如果你注意到你正在對事物下評斷時，放下這些評斷，深呼吸，把注意力移回房間，重新再開始。如果你注意到你正在分心，想到一些要做的事情與房間外的人，深呼吸，放下這些念頭，專注在你所處的房間裡。專注在這一刻。

「原理」：這個練習可以幫助你更注意你所處的環境。許多意外發生正因為人們對環境不夠注意。這個練習可預防你被電線、滑板給絆倒，或是踩到香蕉皮滑倒。人如果多注意身邊的環境，就能夠減少被攻擊或搶劫的機會，因為他們能表現出警覺與自信，而且不容易對暴力屈服。整個練習能幫助你體驗每個時刻，更能參與你的生活。

如果你是傾向有壓力時便逃避的人，專注身邊的東西能幫助你緩和逃避傾向，並且幫助你對身邊的環境保持警覺。這樣一來，你能在有壓力的處境之下保持平衡，處理日常生活例行公事，而不至於覺得壓力太大，有種被事情淹沒的感覺。

Don't Let Your
EMOTIONS
Run Your Life

（七）開車時的內觀

下一次你開長途車或是通勤上班時，試著做以下的練習。專心並警戒自己正在開車。開車上路之前，告訴自己：「我只要專心開車。」當你開始開車前往目的地，察覺你的手中握著方向盤、腳踩在煞車和油門的感覺。注意同在路上的其他車輛，注意它們的位置與方向。不要分心想到工作、學校或是家裡的事。只要專注在開車這件事上就好。如果你分心想到目的地或是評斷別的駕駛人，注意到你正在分心就好。既然你已經知道你的目的地在哪兒，就不要再多心想到目的地的事，也把你對其他駕駛人的評斷放下。回到當下。當你的情緒升起，只要注意到情緒的出現就好，也不要去判斷你的情緒是好是壞。告訴自己：「我注意到我的憤怒正在升起。」放下任何開快車或是挑釁行為的想法，一而再，再而三把注意力抓回到開車上面，不斷地重複將注意力抓回的過程。

「原理」：一個專注而且警覺性強的駕駛人能夠減少意外的發生。如果你在開車時很容易生氣，這個練習能幫助你承認自己的情緒，你不見得要衝動行為或是妄下評論。這個練習能幫助你不要這麼衝動，能夠更理性，更能夠容忍自己的情緒。

六 內觀情緒練習

花點時間熟悉以下的練習。在開始簡單練習察覺你的情緒之前，先瞭解這個練習的模式，大概會讓你有些感覺與想法。你若是能更熟悉這練習，也就更能夠記得去練習觀察與描述情緒的技巧。我之前說過，學習辨識與為情緒命名是許多情緒研究者一致同意的管理情緒的重要技巧之一。

（一）內觀喜悅

1. **觀察**，簡單地注意到當喜悅的情緒出現的時刻。專注於你的情緒，不必阻止它，也不必緊抓著不放。只要讓喜悅感自然地來去。

Don't Let Your
EMOTIONS
Run Your Life

2. **描述**，以文字形容你的喜悅感。當喜悅感出現時，試著告訴自己：「我心中的喜悅感讓我振奮了起來」，並且描述喜悅的經驗，「我覺得整個人輕鬆起來，活力十足」或是「我覺得很有精神，而且充滿希望」。

3. **參與**，全心參與你的生活，並且全心體驗你的喜悅感。不要一直擔心喜悅何時會結束。活在當下，盡情享受你的喜悅，直到它消失。參與你的情緒，在心理上，與你的喜悅合而為一，與你所處的情境合而為一。憑直覺行事，並且只要根據你身處的情境來做反應。

4. **不做批評與評斷**，只看客觀的事實，並且專注於在你面前所呈現的事情，而不是如你所想的事情「理應」、「應該」或是「一定」要怎麼樣。全盤接受你的情緒。如果你發現自己對情勢或是你的情緒做評斷，停止你的思路，平和地回到客觀的事實上面，不加以任何評斷。

5. **專心一致**，讓你自己全心全意專注於喜悅的情緒。感覺喜悅，體驗喜悅，而不是那些伴隨喜悅而來的所有感覺與想法。集中你的注意力，確定你只有做一件事，那就是感覺喜悅，如果你發現自己開始做其他的事情，心中出現兩種以上的想法時，只要回到一件事上。讓所有讓你分心的事情消失，只要專心享受這個喜悅的時刻。

6. **有效地專注在你所處的情境裡**，只要回應情勢所需。不要被「對與不對」、「公平與不公平」或是「該或不該」的想法所困住。只要盡力記住你的目標，並且保持你的狀態。

「原理」：有時候你會停止享受喜悅的感覺，只是因為你心中想到自己並不值得享受喜悅。或是你會告訴自己：「有什麼重要呢？反正快樂終究會有結束的時候。」藉由專注喜悅感的訓練——讓感覺自然地出現，也不要推開它的練習——你會更能夠知覺到人生中的每一個喜悅時刻，增加這樣的知覺能豐富你的人生，當喜悅感來臨時，你能參與這種經驗，並且釋放你

心中的擔心，或是囉哩囉唆的胡思亂想。在醫學上來說，喜悅感能幫助你對抗壓力並且從壓力中回復，迅速恢復精力，喜悅感也能讓你的人生更有趣。

（二）內觀憤怒

1. **觀察**，簡單地注意到當憤怒的情緒出現的時刻，專注於你的情緒，不必阻止它，也不要緊抓著不放，只要讓憤怒感自然地來去。

2. **描述**，以文字形容你的憤怒。當憤怒出現，告訴自己：「憤怒感正從我的心中升起」或是「我注意到自己是激動的」，並且描述憤怒的經驗，「我覺得緊張並且有攻擊性」或是「我覺得強壯、有力而且充滿敵意」。

3. **參與**，全心參與你的生活，並且全心體驗你的憤怒。不要過度擔心你的憤怒是否合宜。活在當下，感受你的憤怒，直到它消失。參與你的情緒，在心理上，與你的憤怒感合而為一，與你所處的情境合而為一。憑直覺行事，並且只要根據你所處的情境來做反應。

4. **不做批評與判斷**，只看客觀的事實，並且專注於在你面前所呈現的事情。而不是如你所想的事情「理應」、「應該」或是「一定」要怎麼樣。全盤接受你的情緒，如果你發現自己對情勢或是你的情緒做評斷，停止你的思路，平和地回到客觀的事實上面，不加以任何評斷。

5. **專心一致**，讓你全心全意專注於憤怒的情緒。感覺憤怒，只是去體驗憤怒，而不是那些伴隨憤怒而來的所有感覺與想法，集中你的注意力，確定你只做一件事，那就是感覺憤怒，如果你發現你開始做其他的事情，心中出現兩種以上的想法，只要回到一件事上。讓所有讓你分心的事情消失，只要專注於這一憤怒的時刻。容忍你的憤怒，注意你的憤怒向你傳達的訊息，或者它是如何激勵你前進。

Don't Let Your
EMOTIONS
Run Your Life

6. 有效地專注在你所處的情境裡，只要回應情勢所需，不要被「對與不對」、「公平與不公平」或是「該或不該」的想法所困住。只要盡力記住你的目標，並且保持你的狀態。不要否定你的憤怒情緒，認為它是愚蠢或是幼稚的情緒，憤怒感也不是屬於某人才能擁有的專利，不要有無用的憤怒感或是自我意識，這些只會傷害你。

「原理」：憤怒是麻煩的情緒，它可能會將事情從毫無意義的話語導引到犯罪的動機。憤怒是重要的情緒，它也可以給予你克服困難的動力，但是，莽撞的憤怒卻會導致衝動行為。透過內觀憤怒的練習，你可以單純地專注當下的情緒，承認你的情緒，但不必要採取任何行動，或是注意到你任何的憤怒行為。另外，對憤怒的察覺也可以幫助你更有技巧地管理憤怒，而且如果你有長期性的憤怒問題，透過對憤怒的知覺，也能夠減少與壓力有關的疾病。

（三）內觀你其他的情緒

現在你瞭解了這個練習的型態，試著以同樣的步驟來內觀你其他主要的情緒，特別注意那些比較會影響你的情緒，以下是內觀愛、興趣、恐懼、罪惡感與悲傷的原理。

1. 內觀愛

情緒中的「愛」，範圍從對特定對象的迷戀，到對某人如配偶或朋友的全心奉獻。愛可以刺激我們與別人建立關係。有時候我們對某人產生愛意，你可能會否定你的感覺，告訴自己：「有什麼用呢？沒人認真看待過我，他們也會」或是「我的感情從未成功過」，即使你戀愛或是純友誼的對象不曾給你同等的對待，你也不必被這樣的情緒折磨。如果你的感情不順利，等到它結束時再做宣判，你不必操之過急。負面的想法只會讓你產生次級情緒反應，阻礙你體驗到當下愛的感覺，也會阻止你往前，進一步發展新的感情或是提升你現有的情感關係。

2. 內觀興趣

形成並發展你的專業，其中一個方法便是親身參與學習，不管是正式的教育體制、或非正式的工作坊與講座，或是你自己在網路上與圖書館的自我學習。興趣可以引導你專精於某一課題，為你帶來無限的喜悅，或是造就令你引以為傲的成就。興趣也能讓我們發現與瞭解我們身邊的人，這有可能發展新的人際關係或是深化我們現有的人際關係。

放下一些對自己的評斷，例如：「我的主意笨透了」，或是「這樣下去，我到底會怎麼樣？反正沒人在乎我」。即使是沒人在乎你（也許有人在乎，也許沒人在乎，你並不能百分之百確定），你總是有機會追求樂在其中的經驗，以及個人與社交的發展。因此，內觀可以幫助你追求更多你在人生中想要的東西，也能幫助你肯定自己的興趣。培養興趣通常引導我們享有更多的樂趣、潛在的工作機會與賞識，也能幫助你發現解決問題的方法。

3. 內觀恐懼

恐懼感給予我們在所處的情境中許多重要的訊息，可能是警告我們真正的危險或是社交上的危機。恐懼能讓我們與酒醉駕駛人保持距離，躲開口吐白沫的狗，或是避免不去黑夜暗巷等等。如果你將恐懼感評斷為一種懦弱，或可憐的情緒，記住，這是你對自己恐懼情緒的評斷，而不是一種適應性的原始情緒。還有，如果你被恐懼感包圍，可能會引導你出現逃避行為，影響你生活的品質。在社交場合中曾被羞辱的人也許會開始避開人群，最後甚至就不出門，或是出現懼曠症（agoraphobia）。在許多場合下，恐懼感可以幫助我們更小心，但我們仍需更融入我們的生活之中。

Don't Let Your
EMOTIONS
Run Your Life

4. 內觀罪惡感

　　為什麼我需要注意到我的罪惡感？自助療法與心理治療法（self-help and therapy）不就是讓我們不再有罪惡感嗎？答案有兩個，是與不是。有許多作者與專家將羞恥心歸於不同的類別。有人將之分為健康的羞恥心與有害的羞恥心兩種類別，另外有人分為羞愧與罪惡感。在後面這種劃分法中，羞愧屬於「壞」情緒的一種，而罪惡感則是我們對做錯事情產生的正常情緒反應。在 DBT 中，我們談到「智慧型的罪惡感」（wise mind guilt），接近於我們對別人或自己的原則犯下錯誤時所產生的罪惡感。

　　跟所有其他的情緒一樣，罪惡感能夠對你所犯下的錯誤提出警告，藉由你一句「對不起」或贈與禮物——或是任何能夠糾正錯誤的行為因而修復你的人際關係。罪惡感是痛苦的，可以敲醒我們，改變我們的行為。罪惡感通常與人際關係有關。藉由內觀你的罪惡感，你會發現，在某些場合下，你會過度概括化你的罪惡感，儘管當時情境並不是你想像的那樣。只要簡單地注意到你的羞愧感，而不要評斷它，就能促使你克服與減輕自己的罪惡感，這樣一來，你就能與自己以及與他人相處的更好。

5. 內觀悲傷

　　悲傷能讓你警覺到你所失去的，並且幫助你瞭解自己看重的東西：你的名聲、你的家庭、你的寵物，或是你的孩子。簡單地注意到你的悲傷並且不要加以評斷，若是有需要，你可以有效地採取行動。意思是當你覺得情緒低落時，你可以拒絕別人的陪伴，或是靠在信任之人的肩膀上大哭一場。悲傷能讓身邊的人警覺到你需要支持與關心，進而給你幫助與安慰。悲傷也能警告你要改變自己的行為，尤其是引起你悲傷的事，譬如說，適當地做出符合你的價值觀之回應，使你更真誠的面對自己的感覺。

七 書寫內觀日記

　　為了記錄你的內觀練習，將以下的日記卡影印多份。放在你隨身的筆記本內，貼在你的冰箱上或車子的儀錶板上，或是放入你的包包裡，當你想到要做內觀練習時，隨時拿出這張卡片。放在你隨手可及的地方，目的是為了幫助你增加練習的規律性，也能讓你變得更熟練。

　　當你開始練習內觀法的技巧（例如，觀察與描述），或是特別的練習（例如，開車時的內觀）時，就在卡片上的日期欄上做個記號。當你試著增加內觀練習時，不要為了你所做的練習是否「完整」，或者是否「專業」所困擾，因為即使你只花兩秒鐘的時間練習某項技巧，那麼就比你上次的練習多了兩秒鐘。同時你也要圈選出當天的日期。在卡片的最下方，註明阻礙你練習的困難，如此一來，你會更瞭解自己在練習新的內觀技巧時所遭遇的問題為何。

內觀練習日記紀錄卡

觀察	星期一	星期二	星期三	星期四	星期五	星期六	星期日
描述	星期一	星期二	星期三	星期四	星期五	星期六	星期日
不評斷	星期一	星期二	星期三	星期四	星期五	星期六	星期日
專心一致	星期一	星期二	星期三	星期四	星期五	星期六	星期日
參與	星期一	星期二	星期三	星期四	星期五	星期六	星期日
實際有效	星期一	星期二	星期三	星期四	星期五	星期六	星期日
內觀情緒	星期一	星期二	星期三	星期四	星期五	星期六	星期日
內觀吃飯	星期一	星期二	星期三	星期四	星期五	星期六	星期日
內觀開車	星期一	星期二	星期三	星期四	星期五	星期六	星期日
內觀運動	星期一	星期二	星期三	星期四	星期五	星期六	星期日
其他	星期一	星期二	星期三	星期四	星期五	星期六	星期日

練習內觀的障礙：（忘記了？不明白練習的技巧？開始評斷自己？沒有卡片可記錄？其他？）

CHAPTER

辨識你的情緒觸發點

　　情緒觸發點（emotional triggers）指的是那些導致你湧出情緒的原因，包括外界發生的事件或是你內心的想法。觸發點通常是人們所說的「這傢伙讓我很生氣」或是「這首歌讓我很悲傷」。或是來自外部因素，例如別人對你說的話與別人對你做的事，或是交通狀況、帳單、天氣、被解雇、生病等等。內部因素則如記憶、思考、沉思等等。

　　瞭解你的情緒觸發點是處理情緒起伏的一大進步。但是有時候要明確區辨這些情緒觸發點是困難的。在這一章中，我會列出人們認為會觸發他們情緒反應的許多事件——包括外在處境與內在的想法。什麼會觸發你的情緒呢？特別注意你的想法，看看你能不能找出你的情緒與想法之間的聯繫。在本章的最後，我會介紹一種練習，幫助你建立你對情緒觸發點的察覺。

自我隔離（dissociation）：珍妮的故事

珍妮的童年曾遭受到嚴重的性騷擾。今日，她已經撫養兩個孩子長大成人，孩子也都離家上大學。但是，有時候童年的回憶像洪水一樣衝擊著她。這些回憶當然十分恐怖，也令人緊張，經常觸發她嚴重的自我隔離反應。換句話說珍妮會自殘，這導致她更沮喪且更憂鬱，有時候甚至會覺得羞恥，這些情緒沉重到讓她必須靠著自殘才能醒過來，回到自己。

DBT 的核心內觀技巧特別針對自我隔離症狀而設計。珍妮開始練習以一種非評斷性的態度來觀察與描述她的自我傷害行為的後果。這給她從一個不同角度來看待自己的行為，進而幫助她減低自己的羞愧感。

接下來，珍妮藉由大量簡單但有創意的方法與練習，來熟悉如何辨識她在隔離自己的情緒之前所經歷的情緒與感覺，並且阻斷她的隔離行為，這些方法與練習──包括握住冰塊，或是嘴裡含著冰凍的草莓等等。她發現讓自己經歷這些實際的折磨，能夠幫助她增加自己對壓力的復原力。最後，珍妮運用內觀技巧來應付生活中觸發她情緒的種種事情。她教導自己去改變生活中那些可以改變的事情以減低她的壓力，她也學習接受那些她不能改變的事情，並且運用其他的技巧來幫助她應付這些事情。

藉由對情緒觸發點的注意，以及對環境的注意，珍妮有效地改變她日常生活中事情的連鎖反應，並且在事情發生之初就運用她所學到技巧來應付事情，而不至於等到後期再來驚訝事情怎會變成這樣。她對自己展現全新的活力與控制力，上一次我與她聯絡的時候，她已經將近一年沒有傷害自己了。

一 外在觸發點：處境

以下是會觸發人們各種情緒的情境。

（一）愛

對我而言，能夠觸發我產生愛的情境包括：

- 看見一個漂亮的人
- 想到我的配偶或伴侶
- 想起朋友送我的禮物
- 與有魅力的人共進浪漫晚餐
- 看著我的小孩
- 看著孩子們玩耍
- 當我想到我是多麼地被寵愛著
- 有人鼓勵我
- 有人告訴我他們愛我
- 看場羅曼蒂克的電影
- 當電影情節出現為人犧牲的片段時
- 與他人分享一個具有挑戰性的處境
- 想到支持我的人
- 與知道我的缺點,但仍然接受我的人在一起
- 想到老天爺是愛我的
- 送禮物或留言給別人
- 我得到別人主動的幫助
- 我的牧師、醫生或心理治療師給我鼓勵
- 有人告訴我我很聰明、很好看,或是會打扮
- 有人告訴我「我愛你」
- 有人信賴我時

其他:＿＿＿＿＿＿＿＿＿＿＿＿＿＿＿＿＿＿＿＿

＿＿＿＿＿＿＿＿＿＿＿＿＿＿＿＿＿＿＿＿＿＿＿＿

＿＿＿＿＿＿＿＿＿＿＿＿＿＿＿＿＿＿＿＿＿＿＿＿

Don't Let Your
EMOTIONS
Run Your Life

（二）喜悅

能夠觸發我產生喜悅感的情境包括：

- 聽到美妙的音樂
- 看著嬰兒的笑容
- 看著小孩子玩耍
- 擁抱著我的寶寶
- 與我的伴侶或是配偶做愛
- 想到過去成功的時刻
- 從學校、大學或研究所畢業
- 想到上帝或是心靈上的事情
- 看見日落
- 享受一頓美味的餐點
- 知道我的孩子很安全
- 聽到朋友事業成功

其他：_____

_____

_____

（三）悲傷

對我而言，能夠觸發我產生悲傷情緒的情境包括：

- 想到過去的失敗
- 想起死去的親朋好友
- 出席葬禮
- 好友或至愛離世

Don't Let Your
EMOTIONS
Run Your Life

- 朋友搬家離去
- 父母親離婚或想到他們離婚的時候
- 想到我自己的離婚
- 想到朋友的離婚
- 想到我被取笑的時候
- 與男（女）朋友分手
- 聽到一首熟悉的歌，想起過去的美好時光
- 搬家
- 寵物死去或跑掉
- 我支持的運動隊伍輸掉一場重要的比賽
- 我自己輸掉比賽，或是想到過去我輸掉比賽的時刻
- 發現我喜歡的人已經有了對象
- 我修的課不及格
- 面談工作卻被拒絕
- 被開除

其他：＿＿＿＿＿＿＿＿＿＿＿＿＿＿＿＿＿＿＿＿＿

＿＿＿＿＿＿＿＿＿＿＿＿＿＿＿＿＿＿＿＿＿＿＿

＿＿＿＿＿＿＿＿＿＿＿＿＿＿＿＿＿＿＿＿＿＿＿

（四）恐懼

能夠觸發我產生恐懼情緒的情境包括：

- 身處於擁擠的地方
- 站在懸崖邊
- 開車穿越小橋

- 長途駕駛

- 獨自在黑暗中

- 聽見同事被資遣的消息

- 走過暗巷

- 靠近狂吠的狗

- 被別人挑釁

- 有人盯著我看

- 出席一場我誰也不認識的宴會

- 搭乘電梯

- 坐車時差一點被撞

- 看見一條蛇

- 在公眾場合演說

- 從後視鏡看見警車

- 想到如果我提出邀約，會被他人拒絕

- 被人以肢體傷害威脅

- 預感我會被我愛或我喜歡的人拒絕

- 我準備考試的時候

- 想到那些曾羞辱我的老師、親戚或其他人

- 當我的老闆或雇主要我到他們的辦公室「談談」的時候

其他：＿＿＿＿＿＿＿＿＿＿＿＿＿＿＿＿＿＿＿＿＿＿

＿＿＿＿＿＿＿＿＿＿＿＿＿＿＿＿＿＿＿＿＿＿＿＿＿＿

＿＿＿＿＿＿＿＿＿＿＿＿＿＿＿＿＿＿＿＿＿＿＿＿＿＿

Don't Let Your
EMOTIONS
Run Your Life

（五）憤怒

能夠觸發我有憤怒情緒的情境包括：

- 聽到有人批評我
- 上班已經遲到了，卻又被紅燈或是火車攔住
- 有人挑戰我的觀點
- 在商店、銀行或電影院排隊時，有人在我面前插隊
- 被人告知我不能得到我真的很想要的東西
- 發現有人背叛我
- 當我想到我的前妻／前夫／前男友／前女友
- 我的老師給我低分
- 我發現我的朋友欺騙我一些重要的事情
- 聖誕假期我坐在機場等待，卻聽見我的班機被取消
- 被人告知我被解雇
- 錯過飛機、班車或約會
- 約會時枯等對方
- 收到我根本沒有購買的東西的帳單
- 當別人辱罵我心愛的人（孩子、配偶、朋友等等）
- 看到有人兇暴地對待他們的寵物

其他：＿＿＿＿＿＿＿＿＿＿＿＿＿＿＿＿＿＿＿＿＿

＿＿＿＿＿＿＿＿＿＿＿＿＿＿＿＿＿＿＿＿＿＿＿

＿＿＿＿＿＿＿＿＿＿＿＿＿＿＿＿＿＿＿＿＿＿＿

Don't Let Your
EMOTIONS
Run Your Life

（六）興趣

能夠觸發我產生興致的情境包括：

- 聽到好的書評或影評
- 聽到朋友對某產品大力誇讚
- 想到一樣重要的事或一個重要的人
- 想到一些資訊或課題可以幫助我更加瞭解我自己或是我的家人
- 想到瞭解一些事情能幫助我賺更多錢或是改善我的生活
- 我被告知必須瞭解某些東西才能保住我的工作
- 相信某些特定的知識才能加強我的競爭力
- 看見資訊、宗教或生活方式如何影響某人
- 想到某些是我珍愛之人會在乎的事情
- 想到如果我知道某些事情將會幫助我更瞭解我心愛的人
- 生病不舒服
- 看見某些複雜的事情，而我想知道它是怎麼運作的
- 好友或心愛的人被我研究的東西感動
- 想知道文化是如何形成的
- 大聲問問題

其他：_____

_____

_____

（七）罪惡感

能夠觸發我感到罪惡感的情境包括：

- 打破一樣珍貴的東西
- 對朋友說謊
- 錯過約會或是根本忘記了
- 說出傷害對方的話
- 擲出棒球並且打破鄰居的窗子
- 沒有準時完成功課
- 忘記付房租
- 上班遲到（又遲到了！）
- 忘記在某個重要節日送卡片
- 對配偶或伴侶以外的人親吻或調情
- 忘記更換貓咪的便盒
- 拿別人的東西
- 忘記自己的結婚紀念日
- 編造藉口不去捐助慈善機構的時候
- 錯過樂團或球隊練習
- 超速開車經過校區
- 拒絕購買女童軍義賣餅乾
- 掛掉廣告推銷員的電話
- 意外或故意開啟別人的信件

其他：_____

_____

_____

二 內在觸發點：想法

以下是一些能夠觸發各種情緒的內心想法。

（一）愛

能夠觸發我產生愛的情緒的想法有：

- 想到我心愛的人
- 想到另一個愛我的人
- 想到我的初吻、第一次約會，或是蜜月旅行
- 想到別人曾對我做過甜蜜的事
- 想到愛是最重要的原則
- 計畫為別人做些感人的事
- 想起一份禮物
- 想到別人心中覺得我很重要
- 想起有人曾支持我經歷困難的時刻
- 想起曾經與人一起「克服某些事情」
- 想起曾經被人照顧
- 想起別人曾經為我驕傲

其他：_____

_____

_____

（二）喜悅

能夠觸發我有喜悅感的想法有：

Don't Let Your
EMOTIONS
Run Your Life

- 想到美麗的地方或事物
- 想到對我有特別意義的人
- 想到我的未來
- 想到一些很棒的人
- 想到朋友與家人就像是上天賜予的禮物
- 想到另一個人的習慣是獨一無二的
- 想到我贏到的獎盃或勝利
- 想到我的孩子誕生的那一刻
- 想到美好的時光
- 想到一場宴會或其他的慶祝活動
- 凝視日落，思量人們或人際關係

其他： _____

_____

_____

（三）興趣

能夠觸發我產生興致的想法有：

- 想知道事情是怎麼運作的
- 想到知識就是力量
- 想到學習是進階美好生活的重要工具
- 想到特定知識能幫助我在工作上獲得加薪
- 想到在我的領域裡，知道某個人能幫助我得到別人的尊敬
- 想到對某個人認識得更多，能夠讓我與這個人更親密
- 相信某一個課程能幫助我成為專家
- 想到能跟某個人在一起會讓我覺得好過很多

Don't Let Your
EMOTIONS
Run Your Life

- 想到參加課程、工作坊或宗教聚會會改善我的人生

- 想到擁有、從事或是知道某些事情會讓我的人生變得更容易一些

- 想起我在做研究或上課時的樂趣

- 想起瞭解或從事某些事情時的興奮感

其他：＿＿＿＿＿＿＿＿＿＿＿＿＿＿＿＿＿＿＿＿＿

＿＿＿＿＿＿＿＿＿＿＿＿＿＿＿＿＿＿＿＿＿＿＿＿＿＿

＿＿＿＿＿＿＿＿＿＿＿＿＿＿＿＿＿＿＿＿＿＿＿＿＿＿

（四）憤怒

能夠觸發我產生憤怒感的想法有：

- 想到某人故意犯錯讓我難堪

- 想到過去犯下的錯誤

- 想到邪惡或不公平的事

- 想到曾經被詐欺、矇騙或是背叛的經驗

- 想到一些意外是人為造成的

- 想到宇宙、上天或其他人似乎專門找我麻煩

- 想到曾經偷我東西的人

- 想到曾經欺騙或背叛我的人

- 想到我的處境並不公平

- 想起我很憤怒的時刻

- 想到我曾被蒙在鼓裡

- 想到一些我想要但是我卻無法擁有、得不到、不能做的事情

其他：＿＿＿＿＿＿＿＿＿＿＿＿＿＿＿＿＿＿＿＿＿

＿＿＿＿＿＿＿＿＿＿＿＿＿＿＿＿＿＿＿＿＿＿＿＿＿＿

＿＿＿＿＿＿＿＿＿＿＿＿＿＿＿＿＿＿＿＿＿＿＿＿＿＿

Don't Let Your
EMOTIONS
Run Your Life

（五）悲傷

能夠觸發我產生悲傷的想法有：

- 想起某種失落
- 想起與我心愛的人分手
- 想到我深愛的人或寵物去世
- 想到搬家
- 想到那些不喜歡我的人
- 沉溺於心碎的時刻
- 相信我永遠不會與我心愛的人或朋友復合
- 想到一些我相信永遠也不可能擁有的東西
- 想到我喜歡的人可能不再喜歡我
- 想起我所愛卻與我失去聯絡的人
- 想起一場我曾看過的悲傷電影
- 想起我生命中錯過的人
- 想起死去的寵物
- 想到我剛出席的葬禮
- 想到搬家遠去的朋友或心愛的人

其他：＿＿＿＿＿＿＿＿＿＿＿＿＿＿＿＿＿

＿＿＿＿＿＿＿＿＿＿＿＿＿＿＿＿＿＿＿＿＿

＿＿＿＿＿＿＿＿＿＿＿＿＿＿＿＿＿＿＿＿＿

（六）恐懼

能夠觸發我產生恐懼感的想法有：

- 想到自己曾受困在恐怖的情況裡

- 想到我會失敗

- 相信或想起我處在危險的情境

- 想到我是不適任或是不合格的

- 預測我會被人拒絕

- 想到我注定會失敗或是世界註定會被毀滅

- 預測到某人會對我大吼大叫

- 想到我可能會因我犯的錯誤而被開除

- 想到一些我不能處理的事情（人生、愛情、工作、學校、衝突）

- 想起過去恐懼的時刻

- 想到向難纏的老闆要求加薪

- 想到在大眾場合哽咽或是難堪的經驗

其他：＿＿＿＿＿＿＿＿＿＿＿＿＿＿＿＿＿＿

＿＿＿＿＿＿＿＿＿＿＿＿＿＿＿＿＿＿＿＿＿

＿＿＿＿＿＿＿＿＿＿＿＿＿＿＿＿＿＿＿＿＿

（七）羞愧或罪惡感

能夠觸發我產生羞愧或罪惡感的想法有：

- 想到對我失望的人

- 想起我過去犯的錯誤

- 想到我的愚蠢

- 我的錯誤歸因於我的愚蠢

- 相信我是個失敗的人

- 想到我自己是個失敗者

- 沉溺於尷尬的情境

- 想到人們討厭每一件我做的事
- 想到其他人覺得我很愚蠢
- 相信我的身體（或身上的一部分）是醜陋的或是大小不合適
- 深陷於所有我讓自己失望的事
- 相信在很多方面別人都比我好
- 想到我自己是不可愛的
- 想到別人讓我失望的時候
- 相信我從未發揮潛力
- 想到當我說謊、偷竊或是欺騙他人的時候

其他：_____

_____

_____

三 連結想法與情緒

當你熟練地辨識自己的情緒觸發點時，你應該就能預期自己情緒出現的時間點。外在「處境」是相當容易辨識的，對大多數人而言，真正的挑戰在於辨識你內在的「想法」如何觸發你的情緒。

給自己一個星期的時間，記錄下你心中曾出現過的想法，試著將它與你的情緒連結。看看你是否能找出你的想法與情緒之間的聯繫。使用以下的練習單，記錄每天你所處的情境、你心中出現的想法，以及它們所引起的情緒。依你的需要影印這個練習單備用。

Don't Let Your
EMOTIONS
Run Your Life

瞭解你心中的想法			
日期	情境	關於這個情境的想法	情緒
星期一			
星期二			
星期三			
星期四			
星期五			
星期六			
星期日			

Don't Let Your
EMOTIONS
Run Your Life

　　以下的問題能夠幫助你去察覺你的想法與情緒，以及兩者之間的連結。讀完每一個問題，停下來想一想，然後寫下你的想法。

你的想法與情緒之間連結的模式為何？ ＿＿＿＿＿＿＿＿＿＿

＿＿＿＿＿＿＿＿＿＿＿＿＿＿＿＿＿＿＿＿＿＿＿＿＿＿＿＿＿＿

＿＿＿＿＿＿＿＿＿＿＿＿＿＿＿＿＿＿＿＿＿＿＿＿＿＿＿＿＿＿

你注意到自己的想法是否具有特殊的「風格」（例如，否定、自我防衛、過度樂觀等等）？ ＿＿＿＿＿＿＿＿＿＿＿＿＿＿＿＿＿＿

＿＿＿＿＿＿＿＿＿＿＿＿＿＿＿＿＿＿＿＿＿＿＿＿＿＿＿＿＿＿

當你注意到自己的想法與情緒之間的連結模式與關係時，你願意改變哪些想法？ ＿＿＿＿＿＿＿＿＿＿＿＿＿＿＿＿＿＿＿＿＿＿

＿＿＿＿＿＿＿＿＿＿＿＿＿＿＿＿＿＿＿＿＿＿＿＿＿＿＿＿＿＿

　　「後續行動」：現在你已經完成一星期的內觀想法與情緒之間的互動關係，持續你的練習，一星期，兩星期，三星期，直到它成為你的第二天性。

　　記住，這些練習就像腳踏車輔助輪一樣能幫助你展開新旅程。就像騎腳踏車最終會成為你的天性一樣，練習愈多，就愈不再需要輔助輪的幫助，當你熟悉技巧，就不需要再練習。不過你會發現這些練習終將成為你的生活型態和習慣，並且成為你的一部分，繼續不斷地練習。

Don't Let Your
EMOTIONS
Run Your Life

CHAPTER 7

習慣你的衝動與行動

我們已經討論過情緒不只是感覺或是心情而已——至少還包含了行動。一旦你的大腦受到刺激,啟動情緒,你整個身體或多或少都會受到影響。接下來我們要討論不同情緒所引發的生理知覺與衝動。生理反應有助於我們瞭解我們正在體驗的情緒。

體驗感覺

當你感受到情緒的時候,你也會感覺到你的身體會因應情緒而準備好行動。記住這一點,情緒會將你身體的每一部分組織起來以採取行動。情緒並不等同於行動,而是行動之前的準備。例如,當你產生愛的情緒時,你會採取什麼樣的行動呢?如果是憤怒或是羞愧,你又會有什麼樣的行動?檢視以下的列表,看看你是否能從經驗或記憶中,辨別出哪些是你的行動反應?你會發現,當你的情緒升起時,隨之而來的就是你的行動。

(一)愛

1. 當我感受到愛的時候,我的感覺與衝動有:

- 我感到精神百倍

- 我感到勇氣十足

- 我感到溫暖

- 我感到興奮

- 我感到放鬆與平靜

- 我感到振作

- 我感到心跳加速

- 我感到有種想打電話、擁抱或親吻心愛之人的衝動

- 我感到安全

- 我感到心滿意足

其他：_____

_____

_____

2. 當我產生愛的情緒時，我可能會做的事有：

- 我會向我愛的人說我愛他們

- 我會擁抱人們

- 我會緊緊抱著我的伴侶

- 我會親吻另一半的臉頰

- 我會親吻另一半的嘴唇

- 我會送禮物給人

- 我會深情地凝視我心愛的人

- 我會握住心愛之人的雙手

- 我會主動要求做愛

- 我會烘烤餅乾、蛋糕送人

Don't Let Your
EMOTIONS
Run Your Life

- 我會作詩
- 我會唱歌
- 我會對心愛的人唱情歌
- 我會鼓勵別人
- 我會與心愛的人多相處
- 我會幫助我心愛的人
- 我會為別人做事（跑腿、借錢、搬家具）

其他：_____

_____

_____

（二）喜悅

1. 當我感到喜悅時，我的感覺與衝動有：

- 我感覺輕鬆，而且充滿活力
- 我高興地快哭了
- 我想要大喊
- 我想要跟我心愛的人或我關心的人在一起
- 我感覺到想要唱歌
- 我感覺到幸福
- 我有衝動想要跑步、跳躍或是跳舞

其他：_____

_____

_____

Don't Let Your
EMOTIONS
Run Your Life

2. 當我感到喜悅時，我可能會做的事有：

- 我會想到其他喜悅的時刻

- 我對未來具有正面的想法

- 我會完成更多的工作

- 我覺得任何事都難不倒我

- 我開心地笑著

- 我會告訴別人事情有多棒

- 我會正面思考

- 我會蹦蹦跳跳地走著或是邁開大步向前走

- 我昂首闊步

- 我會與別人眼神交會

- 我會蹦蹦跳跳

- 我會擁抱別人

- 我會正面鼓勵別人

- 我說話的聲音充滿熱情

- 我會說個不停或是說得很快

- 我會寫一些紙條鼓勵別人

其他：＿＿＿＿＿＿＿＿＿＿＿＿＿＿＿＿＿＿＿

＿＿＿＿＿＿＿＿＿＿＿＿＿＿＿＿＿＿＿＿＿＿＿

＿＿＿＿＿＿＿＿＿＿＿＿＿＿＿＿＿＿＿＿＿＿＿

（三）興趣

1. 當我產生興致時，我的感覺與衝動有：

- 我會有好奇心

- 我要問問題

- 我覺得更專心

- 我覺得明白了

- 我會有衝動想要去閱讀或是做研究

- 有時我會想要單獨一人思考、閱讀、研究或是學習

- 我會覺得納悶或敬畏

- 我會想要獨處

- 我會有種衝動想要放下手上的一切事情去做我有興趣的事

- 我會想要下班或離家

- 我會覺得靜不下來

- 我會覺得分心或心不在焉

其他：_____

_____

_____

2. 當我感到有興趣時，我可能會做的事有：

- 我會研究更多有關於我有興趣的事

- 對於我有興趣的事物，我會做起白日夢

- 我會問問題

- 我會閱讀書籍

- 我會看影片、電影或錄影帶

- 我會想辦法與我感興趣的人單獨相處

- 我會安排時間做研究和讀書，或是定下日期與我感興趣的人談話

- 我會做研究

- 我會對我有興趣的課題寫報告、書籍或是文章
- 我會與我有興趣的專家談談
- 我會告訴別人我的興趣
- 我會與同好相聚
- 我會出席會議或工作坊
- 我會花更多的時間待在圖書館
- 我會出席與我興趣相關的活動與社團
- 我會蒐集相片、郵票和書籍等等
- 我會離開工作或家裡
- 我會忘記付帳單或是出席會議

其他：_____

_____

_____

（四）悲傷

1. 當我感到悲傷時，我的感覺與衝動有：

- 我覺得自己被搾乾了
- 我有想要躲開人群的衝動
- 我想要逃避工作、學校與其他社交場合
- 我想要孤立自己
- 我覺得自己軟弱，而且容易受傷
- 我覺得無精打采
- 我覺得我的胃絞成一團
- 我有種支離破碎或是不真實的感覺

Don't Let Your
EMOTIONS
Run Your Life

- 我想要哭

- 我覺得脆弱或是被壓碎

- 起床變得很困難

- 我會整天都想著令人悲傷的事

- 我會覺得胸悶

- 我覺得我會分心

- 我會沒有食慾

其他：＿＿＿＿＿＿＿＿＿＿＿＿＿＿＿＿＿＿

＿＿＿＿＿＿＿＿＿＿＿＿＿＿＿＿＿＿＿＿＿＿＿＿＿

＿＿＿＿＿＿＿＿＿＿＿＿＿＿＿＿＿＿＿＿＿＿＿＿＿

2. 當我感到悲傷時，我可能會做的事有：

- 我會躲在家裡或房間裡

- 我會獨處

- 我會哭泣、流淚或是痛哭流涕

- 我會告訴別人我很難過

- 我會告訴別人讓我獨處

- 我會聽悲傷的音樂

- 我會看悲傷的電影與聽悲傷的歌曲

- 我待在床上的時間變長了

- 我會反覆思考讓我悲傷的事情

- 我會沉溺於悲傷的情緒

- 我會開始質疑人生，質疑我自己，質疑其他人，甚至質疑上帝

- 我會拒絕別人的關心

其他：_____

_____

_____

（五）憤怒

1. 當我感到憤怒時，我的感覺與衝動有：

- 我覺得激動與充滿敵意
- 我想要對每個人罵髒話
- 我覺得我想要打枕頭甚至揍人
- 我想要對人大吼大叫
- 我的肌肉變得緊繃
- 我會皺眉
- 我的胃開始緊繃
- 我覺得我想要責罵某人或是某件事
- 我覺得我想要掩飾憤怒
- 我的腎上腺素讓我發抖
- 我的血液賁張
- 我的心跳加速

其他：_____

_____

_____

2. 當我感到憤怒時，我可能會做的事有：

- 我會皺眉或是表情扭曲
- 我會給別人臉色看
- 我會對別人大吼大叫
- 我會摔東西
- 我的下巴會緊繃
- 我會握緊拳頭
- 我會打枕頭或是打沙袋
- 我會頓腳
- 我會從人群退縮
- 我會罵髒話
- 我會向他人抱怨更多
- 我會告訴別人我很生氣
- 我會躲開讓我生氣的人
- 我會口頭攻擊讓我生氣的人
- 我會「兇狠」地瞪人
- 我會開快車
- 我會向人們發出噓聲

其他：＿＿＿＿＿＿＿＿＿＿＿＿＿＿＿＿＿＿＿＿

＿＿＿＿＿＿＿＿＿＿＿＿＿＿＿＿＿＿＿＿＿＿＿

＿＿＿＿＿＿＿＿＿＿＿＿＿＿＿＿＿＿＿＿＿＿＿

Don't Let Your
EMOTIONS
Run Your Life

憤怒管理： Phil 的故事

Phil 是個十七歲的少年，他是由地方法庭轉介給我，必須接受憤怒管理課程的個案。Phil 原本是個正常的高中生，上學前與放學後在電影院打工、運動、做功課，也不忘追女朋友。我們第一次見面時，Phil 表明自己對於法庭要他接受憤怒管理的裁示很不以必然。他說他就像任何正常人一樣，難免有激動的時候，但他發誓自己並沒有「憤怒失控的問題」。

經過幾次療程之後，Phil 比較放鬆而且願意談及生活中觸發他憤怒情緒的事情。一開始我們討論到情緒如何被觸發，我給了他一些資訊，以重新組織他的行為。Phil 甚至開始發覺自己是個敏感的人。原來他被法庭裁決接受憤怒管理治療的原因是他攻擊父母，而被報警處理。

Phil 本人事實上是個討人喜歡的孩子。他是那種朋友或家人不管對他說什麼，他都會「不在乎」，馬上說好好好的「大好人」。我們討論到這個世界對「好人」的定義，報紙上的頭條常提到：「他真是個好鄰居」或是「他總是能控制自己」，直到有一天，因為某種原因他便爆發出來。我問他是否覺得自己是那些所謂的好好人，一直壓抑情緒，直到它爆發了。Phil 同意我的假設。我們一起討論「忍受胡言亂語」與「不在乎」之間的差異。他以為自己是不在乎，但沒想到是自己一直在隱忍著他們，漸漸地把一些芝麻小事累積成不得不爆發的大事件。

他開始學習觀察與描述他人的行為。他也開始做呼吸練習與肯定自己對別人與各種情境的情緒反應。當 Phil 體會到自己的情緒是正當合理的反應時，不管是內心真誠地認為這些事不需在乎，或者認為它很重要，必須挑戰它，他都能更有技巧的處理這些人際關係。在工作上，他有來自事必恭親的老闆的大小挑戰，他採取壓力容忍技巧中所學到的「心靈放假」法（mental vacations），趁電影放映時，找出休息的空檔。他也在壓力大的時候練習呼吸法，平息壓力。

Phil 仍然會生氣，但他不再被激怒到非打人不可的地步。他學到如何瞭解並且肯定自己的情緒。他同時也能辨別出「不在乎」（letting go）與「強忍情緒」（putting up with）這中間的差別。他並且瞭解到他可以更有技巧地處理人際關係，而不至於成為一個好好先生最終卻成為報紙頭條上的殺人犯。

Don't Let Your
EMOTIONS
Run Your Life

（六）恐懼

1. 當我感到恐懼時，我的感覺與衝動有：

   - 我覺得顫抖不已
   - 我想要跑走
   - 我想要躲起來
   - 我想要從我的處境中逃跑
   - 我覺得緊張與尷尬
   - 我想要有人照顧我
   - 我想要待在家裡
   - 我的胃很不舒服

   其他：_____

   _____

   _____

2. 當我感到恐懼時，我可能會做的事有：

   - 我會避開我害怕的人與地方
   - 我會發抖
   - 我會呼吸急促
   - 我會提心吊膽地說話
   - 我會哭泣
   - 我會向他人求救
   - 我會跑掉
   - 我會不大說話
   - 我會大叫狂吼

- 我會自我隔離

- 我會談論那些讓我恐懼的事

- 我會告訴別人我很害怕

- 我會避免告訴別人我很害怕

- 我會假裝自己不害怕

- 我會沉溺於讓我害怕的事情

其他：＿＿＿＿＿＿＿＿＿＿＿＿＿＿＿＿＿

＿＿＿＿＿＿＿＿＿＿＿＿＿＿＿＿＿＿＿＿＿

＿＿＿＿＿＿＿＿＿＿＿＿＿＿＿＿＿＿＿＿＿

（七）羞愧

1. 當我感到羞愧時，我的感覺與衝動有：

- 我覺得麻木呆滯

- 我會有想要逃跑的衝動

- 我會有想要傷害自己，甚至自殺的衝動

- 我的五臟都在翻騰

- 我的臉會變紅

- 我說不出話

- 我會覺得自己很微小不堪或是沒有價值

- 我的喉嚨很乾

其他：＿＿＿＿＿＿＿＿＿＿＿＿＿＿＿＿＿

＿＿＿＿＿＿＿＿＿＿＿＿＿＿＿＿＿＿＿＿＿

＿＿＿＿＿＿＿＿＿＿＿＿＿＿＿＿＿＿＿＿＿

Don't Let Your
EMOTIONS
Run Your Life

2. 當我感到羞愧時，我可能會做的事有：

- 我會躲起來

- 我會把頭垂得低低的

- 我會拖著沉重的步伐走路

- 我會請求原諒

- 我會一直道歉

- 我會過度道歉

- 我會說對不起

- 我會更消沉

- 我會送別人禮物以求「和解」

- 我會試圖補救我所造成的傷害

- 我會沉溺於我的失敗

- 我會告訴別人我有多麼沒用

- 我會抬不起頭來

其他：＿＿＿＿＿＿＿＿＿＿＿＿＿＿＿＿＿＿＿

＿＿＿＿＿＿＿＿＿＿＿＿＿＿＿＿＿＿＿＿＿＿＿＿

＿＿＿＿＿＿＿＿＿＿＿＿＿＿＿＿＿＿＿＿＿＿＿＿

　　在本章中，我們討論到我們的情緒如何刺激我們生理的反應，以及我們對各種情緒的反應。在下一章中，我們將會討論情緒的後果。

CHAPTER 8

情緒後果

在 DBT 中，我們常說：「情緒最愛它們自己。」這個意思是當某種情緒被啟動時，它會將我們的心靈與身體組織起來，以便讓它延續下去。因此當某一種情緒被觸發，這一相同的情緒傾向於一而再、再而三地發生。好消息是我將會教導你一些特別的技巧來打破這些常會出現的情緒狀態。這些技巧被納入「相反行為」（opposite action）的類別中，專注於某些與當下情緒完全相反的行為之中，我們將會在第十一章中詳細討論。

現在我希望你能繼續察覺那些會影響你、你的情緒與行為的特定情境。我會要你連續一週每天使用以下的練習單記錄你的行為後果。這將會幫助你培養自己對行為後果的察覺能力，希望能讓你明白某種特定行為能夠有效地幫助你達成目標。稍後，你會練習完整的練習單，包括下一次你會採取哪些不同的行為，因而造成不同的結果。

以下是完整的練習單：

情緒後果（範例）					
日期	事件	情緒	我的行動	後果	有效度（0-100）
星期一	開車上班途中，我被困在火車平交道前，動彈不得	焦急	罵髒話抱怨	感到更焦急，更生氣	0
星期二	又被困在平交道前	焦急	打開收音機大聲唱歌	覺得不再這麼焦急	50
星期三	老闆問我為什麼會遲到	困窘難堪	為遲到抱歉並且保證以後不再發生	老闆對我的承諾表示感謝，讓我感到很驚訝	75
星期四	小貓的腳被搖椅壓到了	害怕慌張	急忙開車載小貓去動物醫院，一路罵髒話	覺得生氣，動物醫院的人員怠慢我，後來我覺得自己有點過度反應	30
星期五	我約蘇西吃晚飯，她答應我了	興高采烈，高興不已	我告訴朋友這件事，並且不自禁地露出微笑	覺得精神奕奕，興奮，做白日夢	75
星期六	蘇西打電話給我，為了昨晚美好的約會感謝我	興奮	與蘇西閒聊說笑話	我再約蘇西出去，她又答應了	100
星期日	在書店閒逛一整天	放鬆	閱讀，想著蘇西，喝咖啡	覺得有了充分休息，並且準備好上班的心情	100

　　以下是為你所設計的空白練習單。在「後果」一欄中寫下你在某種情境下所做的反應與評論之後的情緒，以及事情的後續發展，是變好了？變糟了？或是保持不變？在「有效度」一欄中評估你當時的處境，你所做的反應與行為和你的價值觀或是你所設下的目標比較之下，它們符合的程度

是多少？接近的程度有多少，以 0 到 100 為尺度（0 等於完全無效，100 為非常有效）。在你完成一星期的紀錄以後，繼續下一個星期、下下星期等等。一次只要記錄一個星期。影印這份練習單，愈多份愈好，以便未來可以使用。

情緒後果					
日期	事件	情緒	我的行動	後果	有效度（0-100）
星期一					
星期二					
星期三					
星期四					
星期五					
星期六					
星期日					

Don't Let Your
EMOTIONS
Run Your Life

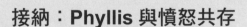

接納：Phyllis 與憤怒共存

　　Phyllis 是個敏感的人，受過良好教育，具有音樂細胞，創造力豐富，並且有個兩歲的兒子。但她卻容易生氣——並不是被別人激怒，而是被她自己，尤其是當她看到自己表現不佳的時候。有些時候她生氣得不得了，她會打自己的腿出氣。

　　有天傍晚，當 Phyllis 在家中「崩潰」（meltdown）時，她已經接受心理治療好幾個月了。那一天晚上，她覺得很沮喪，便打開電腦，想藉由玩電腦遊戲來讓自己分心。這是她在心理療程中所學到的壓力容忍技巧的一種策略。讓她失望的是，電腦當機了。她重複開機，當機的情況還是不斷發生。當 Phyllis 一再重複開機當機的過程中，她的眼淚不停地湧出，她可以察覺自己的憤怒感正在上升，她愈來愈生氣。她注意到自己當時的想法：「為什麼呢？」「我只是想要更有技巧地控制我的情緒，而這就是我能得到的結果嗎？」

　　這個時候，救星出現。Phyllis 的丈夫走進來，輕聲的問 Phyllis，他是否能幫忙？特別是讓 Phyllis 能感覺好一些。這個對話在他們的婚姻生活中上演不下千百次。但這一次，不同的是 Phyllis 和善地感謝丈夫友善地伸出援手。然後她告訴他：「我要如何才能學會與我的憤怒一起生活？要一直等到我開始接受它是我生活的一部分嗎？」Phyllis 體會到要能夠容忍自己的憤怒，就必須要讓自己經歷憤怒，並且只要去接受憤怒情緒的來來去去。不必去抗拒它，也不去否定它，更不要去評斷它是件糟糕的事。那個晚上，Phyllis 做了有利的決定，讓她的世界從此大不同。

　　當 Phyllis 在團體治療中分享這個故事時，在場的其他個案也被這個故事啟發。有一些個案開始採取這個方法，重新思考那些為他們製造麻煩的情緒。新的思考角度是「我如何能與我的恐懼共存？直到我能開始面對我的恐懼？」或是「我如何能與我的焦慮共存？直到我開始與我的焦慮共存嗎？」這個問句成為練習非評斷地面對情緒的絕佳工具。

■ 觀察你的情緒後果

　　使用以下的練習單，詳細觀察並且記錄某種讓你情緒化的特定情境，當時發生的事件、你的情緒、衝動與行動（例如，「因為我惹了麻煩，老闆要我去見他」）。你也可以回顧第六章裡你所寫下的情緒日記，轉換到此項練習中。將此項表格影印幾份，以便於記下各式各樣的情境。

情緒後果記錄

事件或情境：＿＿＿＿＿＿＿＿＿＿＿＿＿＿＿＿＿＿＿＿

＿＿＿＿＿＿＿＿＿＿＿＿＿＿＿＿＿＿＿＿＿＿＿＿＿＿

我當時的想法：＿＿＿＿＿＿＿＿＿＿＿＿＿＿＿＿＿＿＿

＿＿＿＿＿＿＿＿＿＿＿＿＿＿＿＿＿＿＿＿＿＿＿＿＿＿

我經歷的情緒：＿＿＿＿＿＿＿＿＿＿＿＿＿＿＿＿＿＿＿

＿＿＿＿＿＿＿＿＿＿＿＿＿＿＿＿＿＿＿＿＿＿＿＿＿＿

我的行為衝動：＿＿＿＿＿＿＿＿＿＿＿＿＿＿＿＿＿＿＿

＿＿＿＿＿＿＿＿＿＿＿＿＿＿＿＿＿＿＿＿＿＿＿＿＿＿

我的行為：＿＿＿＿＿＿＿＿＿＿＿＿＿＿＿＿＿＿＿＿＿

＿＿＿＿＿＿＿＿＿＿＿＿＿＿＿＿＿＿＿＿＿＿＿＿＿＿

結果與後果：＿＿＿＿＿＿＿＿＿＿＿＿＿＿＿＿＿＿＿＿

＿＿＿＿＿＿＿＿＿＿＿＿＿＿＿＿＿＿＿＿＿＿＿＿＿＿

Don't Let Your
EMOTIONS
Run Your Life

情緒後果的範例：

我感到更能夠掌控自己

我覺得更加失去控制

我覺得愈來愈不能掌握自己

當其他人涉入時，你的感覺又是如何？

例子：

覺得後悔

比以前更生氣、悲傷或是焦慮

我搞砸了一段人際關係

我必須更努力修補人際關係

事情更糟糕

我覺得心情低落

我覺得更有力量

事情糟到無法修復

二 從情緒後果中學習

　　情緒後果或是強烈情緒與特定行為所帶來的結果可以是正面的，也可以是負面的。使用以下的練習單來表達負面的情緒後果（你必須克服的障礙或困難），或是正面的情緒後果（幫助你聯繫其他人）。你總是能夠從各種情況與情緒後果之中學到一些教訓。更重要的是情緒可以幫助你改變一些有問題的行為模式。因此，你必須能夠注意到情緒後果所帶來的回饋。這也是為什麼明白這個道理與注意觀察你的情緒後果扮演著關鍵角色，也讓內觀自己變得不可或缺。

從情緒後果中學習

描述觸發情緒的情境，包括人與地點：＿＿＿＿＿＿＿＿＿＿＿＿

＿＿＿＿＿＿＿＿＿＿＿＿＿＿＿＿＿＿＿＿＿＿＿＿＿＿＿＿＿＿

＿＿＿＿＿＿＿＿＿＿＿＿＿＿＿＿＿＿＿＿＿＿＿＿＿＿＿＿＿＿

描述你當時的想法：＿＿＿＿＿＿＿＿＿＿＿＿＿＿＿＿＿＿＿＿

＿＿＿＿＿＿＿＿＿＿＿＿＿＿＿＿＿＿＿＿＿＿＿＿＿＿＿＿＿＿

＿＿＿＿＿＿＿＿＿＿＿＿＿＿＿＿＿＿＿＿＿＿＿＿＿＿＿＿＿＿

描述你當時的情緒：＿＿＿＿＿＿＿＿＿＿＿＿＿＿＿＿＿＿＿＿

＿＿＿＿＿＿＿＿＿＿＿＿＿＿＿＿＿＿＿＿＿＿＿＿＿＿＿＿＿＿

＿＿＿＿＿＿＿＿＿＿＿＿＿＿＿＿＿＿＿＿＿＿＿＿＿＿＿＿＿＿

描述你的行為：＿＿＿＿＿＿＿＿＿＿＿＿＿＿＿＿＿＿＿＿＿＿

＿＿＿＿＿＿＿＿＿＿＿＿＿＿＿＿＿＿＿＿＿＿＿＿＿＿＿＿＿＿

＿＿＿＿＿＿＿＿＿＿＿＿＿＿＿＿＿＿＿＿＿＿＿＿＿＿＿＿＿＿

描述情緒後果，包括後續的情緒、產生新的情緒、人際關係變得更緊張或是有所改善？等等：＿＿＿＿＿＿＿＿＿＿＿＿＿＿＿＿＿＿＿＿＿＿＿＿＿＿＿

＿＿＿＿＿＿＿＿＿＿＿＿＿＿＿＿＿＿＿＿＿＿＿＿＿＿＿＿＿＿＿＿＿＿＿＿＿

＿＿＿＿＿＿＿＿＿＿＿＿＿＿＿＿＿＿＿＿＿＿＿＿＿＿＿＿＿＿＿＿＿＿＿＿＿

你從這個狀況中學到什麼？＿＿＿＿＿＿＿＿＿＿＿＿＿＿＿＿＿＿＿＿＿＿＿＿

＿＿＿＿＿＿＿＿＿＿＿＿＿＿＿＿＿＿＿＿＿＿＿＿＿＿＿＿＿＿＿＿＿＿＿＿＿

＿＿＿＿＿＿＿＿＿＿＿＿＿＿＿＿＿＿＿＿＿＿＿＿＿＿＿＿＿＿＿＿＿＿＿＿＿

下一次當你遇到類似的情況時，你會有什麼不同的處理方式？＿＿＿＿＿

＿＿＿＿＿＿＿＿＿＿＿＿＿＿＿＿＿＿＿＿＿＿＿＿＿＿＿＿＿＿＿＿＿＿＿＿＿

＿＿＿＿＿＿＿＿＿＿＿＿＿＿＿＿＿＿＿＿＿＿＿＿＿＿＿＿＿＿＿＿＿＿＿＿＿

　　在本章與前面的章節中，我們討論了「想法」在我們的情緒生活中所扮演的角色，以及「想法」如何加強與規範我們的情緒。在本書接下來的部分，我們會廣泛地討論「行為」如何影響你的情緒，以及改變行為得以重塑情緒的內容。我們會從你對自己或是對環境，以及對他人的需求產生之情緒影響開始談起。

減少情緒管理的阻礙

9
CHAPTER

挑戰你的自我對話

　　我們都抱持著事情應該是如何以及該如何運作的假設。我們心中都有是非對錯的觀念,同時我們也很清楚自己想要受到一種特定的對待方式。這些都不是問題,真正會成為問題的是我們缺乏彈性且僵化的思考模式(在第四章中,你所寫下對情緒的前五項自動化想法與信念),我們稱做「二分化思考」的模式,一種只有二選一,或是全有與全無的思考模式。

　　如果你抱持著應該如何被對待的信念,而周遭的人卻沒有以這種方式對待你,你可能會感到生氣、悲傷或是害怕。想要以某種特定方式被對待並沒有錯,但是如果你頑固地墨守著你的期待,無法接受你並不能總是被那種方式所對待的事實,你必然會經歷情緒的苦痛。

　　如我們先前所討論的,想法會觸發情緒。如果回憶起一次順利的約會,你會覺得快樂與溫暖,臉上浮現出甜蜜的笑容。如果回想起糟糕的那一次約會,你會覺得難過,你也可能因為表現不得體或是因為被冷漠地對待而感到難堪。你被某一種想法觸發情緒之後,心中出現的同一種想法就會持續引發同樣的情緒,或是觸發次級的情緒反應。相反地,如果你能對必然的痛苦與失望敞開心胸,你會發現自己能夠更快地調整情緒,或者至少你會瞭解到你不一定要全然去除一次不好的經驗。

Don't Let Your
EMOTIONS
Run Your Life

當你開始進行本章的練習時，你會注意到當我在談論自我對話的時候，我把自我對話的定義擴大至很廣泛的範圍。我所討論的「想法」一詞，廣義地包括了自動化想法、信念、隱含的人生觀、自我對話，或者那些有時候像是「錄音帶」一般已經錄在我們腦海中的想法都包含在其中。不論我們如何稱呼它們，它們都會影響我們的情緒。

■ 影響情緒的自動化想法

這裡有一些例子是那些能夠影響情緒的自動化想法，請注意這些想法之中有很多可能會引起非常激烈的反應。

- 我應該從不生氣／悲傷／害怕
- 情緒化是很糟糕的
- 表達情緒是一種懦弱的表現
- 我應該總是快樂與感到開心
- 我無法忍受寂寞
- 我應該總是喜愛他人
- 我應該總是樂觀
- 如果我難過，那麼我會表現出不好的態度

上述的想法呈現出我們對情緒所抱持的信念。與此同時，我們也抱持著許多有關我們所處的社會必須保持和諧安康的信念。Windy Dryden 與 Raymond DiGiuseppe 在他們 1990 年出版的 *A Primer on Rational-Emotive Therapy* 書中，討論到人們有三種「必須」：必須要對自我要求、必須要對他人要求、必須要對世界／生活環境要求。

注意看看以下有關這三種要求的陳述，檢視是否有符合你的地方。如果是，請檢核那些句子是否表現出你個人的自動化想法？然後在空白處列

出你的其他自動化想法。最後，將你自己換為辯方，試著挑戰你所檢核出
的每一個想法，至少提出一個反證。

1. 你對自己的要求

檢核你是否同意這些要求，然後評定你秉持這個信念的強度（0 表示
一點也不，100 表示完全同意）。

☐ 我必須將我手邊每件事做完，如果不能，那是很糟糕的＿＿＿

☐ 我必須得到我生命中重要他人的贊同，如果不能，
那是很糟糕的＿＿＿

☐ 如果我無法完成這個重要的任務，我就是不討人喜歡的＿＿＿

☐ 如果我不受人喜愛或表現不好，那麼我就是一個糟透的人＿＿＿

☐ 如果我無法勝任我所做的每一件事，那麼就沒有人會喜歡我＿＿＿

☐ 我必須隨時都能得到眾人的喜愛＿＿＿

☐ 我絕對不能告訴別人我生氣了＿＿＿

☐ 我必須總是能夠完全掌控自己的情緒與行為＿＿＿

其他：＿＿＿＿＿＿＿＿＿＿＿＿＿＿＿＿＿＿＿＿＿＿＿＿

2. 你對他人的要求

☐ 別人必須公平、公正地對待我＿＿＿

☐ 我不能忍受別人惡劣且卑鄙地對待我＿＿＿

☐ 當別人惡劣地對待我時，他們應該受到懲罰＿＿＿

☐ 當別人沒有給我我想要的，那麼他們必須為此付出代價＿＿＿

Don't Let Your
EMOTIONS
Run Your Life

□ 當人們做了不該做的事，那麼他們就是壞人或是邪惡之徒＿＿

□ 我不喜歡別人讓我失望＿＿

□ 當我得不到我想從別人那兒得到的東西時，
　那是一個可怕的災難＿＿

其他：＿＿＿＿＿＿＿＿＿＿＿＿＿＿＿＿＿＿＿＿＿＿

3. 你對世界或生活環境的要求

□ 生活應該總是輕鬆如意、無憂無慮的＿＿

□ 我無法忍受生活中的挑戰＿＿

□ 生活不應該有任何的痛苦＿＿

□ 事情不順我心時，那是不公平的＿＿

□ 如果我是好人，那麼世界（或是上帝、全人類）
　應該好好地對待我＿＿

其他：＿＿＿＿＿＿＿＿＿＿＿＿＿＿＿＿＿＿＿＿＿＿

二 你一直用「應該」束縛自己嗎？

現在讓我向你介紹造成問題的另一種思考模式：「應該束縛自己」（shoulding on yourself）。這是由精神科醫師 Albert Ellis 於 1955 年初次提出的理情行為治療（REBT）法中的主要概念。

我們已經瞭解「應該」如何影響著你的看法、心情與情緒狀態。區分出「合乎邏輯需要之應該」（shoulds of a logical necessity）與「社會環境之下的應該」（social shoulds）兩者之間的差異對我們是有幫助的。因為社會

環境所要求的應該往往是死板、嚴苛與缺乏彈性，它們會造成你的痛苦。挑戰那些社會環境所要求的「應該」可以減輕痛苦，甚至讓你得以解脫。

「合乎邏輯需要之應該」是一種現象，世間萬物都遵循著既有之法則，不管我們期望多深都無法造成或影響結果的現象。舉例而言，如果我從屋頂丟下一顆裝水的氣球，這顆氣球應該會墜落，這是因為有地心引力的關係，同時它應該會摔破並且水灑一地。當我們晚上就寢時，太陽應該會在次日升起，這是因為地球自轉的關係。不管你的感覺是什麼，那些事實都不會受到影響，無論如何，氣球都會破，太陽也會升起。

「社會環境之下的應該」則非常不同，太過執著這些「應該」會造成你許多的痛苦。我們所處的社會有共同的道德規範與社會習俗，然而人就是人，不是機器，不是氣球，也不是日出。因此，雖然人們有許多行為是可靠的與可預測的，但是他們通常也會做出一些不應該的事情。他們讓你失望，他們冤枉你，或者有時候這些人只是在混日子。即使有時候他們無意冤枉你，卻已經對你造成傷害了。

如果你有種被冤枉的感覺，你心中所秉持的「應該」就已經被擾亂。那並不是不好。事實上，有些「應該」和你的基本價值觀有關，除非我有非常好的、個人的重要理由，否則我並不會想要改變你的基本價值觀。但是如果你固執地期望人們或生活只能是公平與友善地對待你的話，那麼你將會經歷更多的失望。

三 人們應該打方向燈嗎？

讓我們來看看開車駕駛的例子，這是一個我們日常生活中會出現充滿「應該」的情境。問題是：駕駛人在轉彎或改道時應該打方向燈嗎？正確答案是應該，也可以是不應該。法律規定駕駛人應該打方向燈，如此，警察才不會為此開罰單。我們也可以說駕駛人應該打燈號，這樣才能使你與其

他用路人知道他們要行駛的方向，這有助於建立一種安全的駕駛環境（你注意到了嗎？藉由打方向燈這種行為使我們從一種孤立的狀態轉變成一種處於群體的社會情境中）。

現在讓我們假想你正在路上開車，另一位駕駛沒有打方向燈就轉彎，你覺得非常生氣。很可能是因為你心中有一種自動化想法，那就是他們「應該」打方向燈，以及他們完全不顧及他人的行為，所以他們是白痴。你對自己的要求似乎也成了對待他人意圖的判斷因素，「某某人不應該做某某事」，或是簡單而言，「他們應該明白這個簡單的道理」。

如果你深切、嚴苛、幾乎沒有彈性地期待你身邊的人「應該」是以某一種特定的方式做事，你將會非常沮喪。事實上，你把自己放到一個痛苦的角落。挑戰你心中「應該」的標準與想法，不只是原諒他人，同時你也不需要放棄自己重要的道德標準。挑戰你心中的「應該」，首先的步驟便是協助你自己遠離痛苦的角落。

四 記錄你的自我對話與判斷

以下的練習會幫助你更加瞭解心中的自我對話，特別是那些心中所抱持的「應該」以及它們與你所經歷的情緒之間的關連。每天只要從一件事開始，持續一整週來完成這些練習。試著至少注意一件日常事件，與任何你注意到的「應該」，然後評估隨之而來的情緒與情緒強度。我會給你一個自我對話與判斷的練習範例，以及一個你可以使用的空白練習表單。

	自我對話與判斷的日記（範例）		
日期	事件	「應該」	情緒 （評分 0-100）
星期一	開車時，突然有人超車	這件事絕不應該發生，人們不應該那樣開車	生氣 （60 分）
星期二	老闆在同事面前對我大吼大叫	人們絕不應該這麼做，人們應該總是尊重他人	難堪 （100 分）
星期三	回想起昨天老闆對我吼叫的情景	我應該做好每一件事情，勝任我的工作	愧疚 （50 分）
星期四	我給孩子新玩具，他們並沒有向我說聲謝謝	人們必須總是對於別人給予的禮物心存感謝，特別是孩子	生氣 （50 分）
星期五	同事問我星期三和老闆發生什麼事？	人們絕不應該詢問他人有關他的難堪處境	生氣 （70 分）
星期六			
星期日			

自我對話與判斷的日記			
日期	事件	「應該」	情緒 （評分 0-100）
星期一			
星期二			
星期三			
星期四			
星期五			
星期六			
星期日			

Don't Let Your
EMOTIONS
Run Your Life

五 辯證與二分化思考

想一想存在於現實生活中的兩極化現象，你就能瞭解辯證化思考的架構。我們在日常生活中所遭遇的事情以及事物的運作方式都有許多正反兩極的現象。從簡單的白天與黑夜到物質與反物質，這中間處處有我們看不見的張力，現實生活中到處充滿了對立。白天與黑夜同時存在，它們並不是單一選擇。

「辯證式」思考的前提是每一個論點（「表達情緒是好的」）都會面臨相反的論點（「控制情緒是好的」），經過一段時間之後，這兩個相反的論點就會融合（「表達和控制情緒都是好的」）。

相反地，「二分化」思考則是全有或全無、黑或白的思考方式。這也是一個陷阱。一方面，你認為自己應該能夠控制情緒。另一方面，你認為你應該能夠表達情緒。哪一種觀點才是正確的呢？你真的能夠從兩者中選擇其一嗎？

記得嗎？我們曾討論過對自己、對他人，以及對世界所做的嚴苛要求。那些都是二分化思考的例子。如果你相信自己要不就是驚人地勝任每一種情境，要不就是一個悲慘的失敗者，那麼你正處於非黑即白二分化的思考模式之中。

相較之下，辯證思考顯得彈性許多。它對於對立之間（或至少表面上看起來是彼此對立的情況）的共融性保持開放的態度。這也是生活的本質。通常，當我們面對矛盾時，在事情對立之間，總有一個明顯可以協調性與共融之處，這也是辯證思考之所以能夠幫助我們的原因。

以辯證方式來看看你對於「有能力」的信念與態度。如果在某個既定的時刻，你的表現並不如你所想像的那樣呼風喚雨，那只是意謂著在那個時刻、在那個特定的任務中，你表現得不如預期。這不代表你的生命本質與核心或是任何事情，不論是形式上或本質上，你是個失敗者。

辯證思考也是一種在兩個極端的情緒之間尋找中庸之道的態度。所謂的極端思考與中庸之道包括：情緒的極端（動彈不得與過度反應）、思考的極端（非黑即白或是黑白並存）、感情的極端（對方不是愛我就是恨我，或是對方對我又愛又恨）。

總而言之，辯證思考：

- 是有彈性的
- 是共融的與兼顧全面性的
- 問自己：「我是不是遺漏了什麼？」
- 問自己：「我們如何能想到一個『共同存在』的方法？」

當你面對明顯的矛盾或衝突時，試著使用辯證思考法來解決。以第四章所學的內觀技巧，幫助自己努力朝向忍容不同的觀點。至於人際衝突，讓對方設下他們個人的容忍界線，同時你也設下自己的界線，但你要瞭解這界線並非固定不變，它將隨著時間而改變。生命並不是全有或全無，通常是兩者皆是與共同存在的。

六 自我否定

在第四章中，我們談到情緒會傷害我們的種種原因。其中一個原因是成長於或是身處於一種否定的環境中，我們內化那些被否定的訊息，直到今日仍受其影響。「自我否定」會促發次級情緒，阻礙我們採取有效的行為，而且它也會阻礙你認真地自我挑戰，並且當你在努力改變習慣與行為模式時，它會減低你的挫折容忍力。

當某人努力戒除壞習慣，像是抽煙、喝酒或暴食等，「自我否定」通常會顯現出來。例如你認識的一位女性朋友正決定要戒煙，但是一時失察不小心抽了一兩支煙。她承認這個失誤，並且說：「好吧，那是因為我和 Joanie 住在一起的緣故，我現在已經瞭解自己不該這樣，別擔心！」我

們想想看這個女人已經抽了十年的煙。抽煙是一種連結了許多刺激、記憶與快樂的高度上癮行為。這個女人必須瞭解的是引發她抽煙的刺激物。然後，她可以計畫如何以替代行為、暫停思考等等來抗拒這些強烈的慾望，光說「不再抽煙了」是一種不切實際的思維模式，因為她並沒有認真地思考如何面對戒煙這個挑戰。

正面迎擊你所面臨的挑戰是現實而且很重要的。要能夠肯定自己與自己的經驗，有時候是很困難的。在下面的練習中所列出來的例子讓你有機會去看看你是否認真地面對自己的問題，同時以這些例子來練習肯定自己。

這裡有一些自我肯定的例子：

- 我的情緒化有我自己的好理由，即使別人並不這麼想。
- 我的無效行為模式已經形成很長一段時間了，它們需要很多的努力才能改變。
- 改變是艱困的。
- 當我感覺受傷時，我想要哭泣。
- 當我覺得飢餓時，我是真的餓了。
- 我會求助他人以克服我這些特定的問題。

使用以下的練習，描述你正在努力改變的習慣，列出各種可能會肯定或否定你的努力的想法。

超越否定

寫下你正在努力改變的習慣或行為：＿＿＿＿＿＿＿＿＿＿＿＿＿

＿＿＿＿＿＿＿＿＿＿＿＿＿＿＿＿＿＿＿＿＿＿＿＿＿＿＿＿＿＿＿

否定的反應：

- 改變這些習慣或行為不應該這麼困難。
- 我應該早就已經克服這些習慣與行為。
- 我只是個愚蠢／懶惰／不重要的人。
- 沒什麼了不起的，這些習慣或行為不會再發生了。

其他：＿＿＿＿＿＿＿＿＿＿＿＿＿＿＿＿＿＿＿＿＿

描述這些反應是如何限制著你：＿＿＿＿＿＿＿＿＿＿＿

＿＿＿＿＿＿＿＿＿＿＿＿＿＿＿＿＿＿＿＿＿＿＿＿＿

＿＿＿＿＿＿＿＿＿＿＿＿＿＿＿＿＿＿＿＿＿＿＿＿＿

肯定的反應：

- 對我來說要改變這個情境／習慣是困難的。
- 我可以克服它，但是需要時間與練習。
- 對我而言改變這個情境／習慣是重要的。
- 我對這個情境／習慣的情緒反應可以幫助我改變。

其他：＿＿＿＿＿＿＿＿＿＿＿＿＿＿＿＿＿＿＿＿＿

在肯定自己的反應時，你所遭遇的困難是什麼？＿＿＿＿＿＿

＿＿＿＿＿＿＿＿＿＿＿＿＿＿＿＿＿＿＿＿＿＿＿＿＿

＿＿＿＿＿＿＿＿＿＿＿＿＿＿＿＿＿＿＿＿＿＿＿＿＿

　　現在讓我們試試不同的方法。首先敘述那些你覺得很困難，並且讓你覺得痛苦有壓力的情境。努力想想那些可能會觸發自我否定想法與信念的情境，這可能與你正在努力改掉的壞習慣，或者與你正在努力應付的一個特定人物有關。

Don't Let Your
EMOTIONS
Run Your Life

想一想你的情緒處理技巧以及過去你在面對這個問題的經驗，和你目前的回答與反應之間在某些方面是否彼此有關連（「沒有人教過我別的處理方法」、「我不知道我正在做什麼」、「我的反應確實不適當，但它們總是可以讓我在最後得到我想要的」）？

自我肯定到克服困難

描述一個你覺得困難，而且你已經經歷數次的情境：＿＿＿＿＿＿＿

＿＿＿＿＿＿＿＿＿＿＿＿＿＿＿＿＿＿＿＿＿＿＿＿＿＿＿＿＿＿＿＿

想一想，你過去的經驗以及你現有的情緒處理技巧，在這個情境中，你目前的行為與遭遇的困難有何關係？＿＿＿＿＿＿＿＿＿＿＿＿

＿＿＿＿＿＿＿＿＿＿＿＿＿＿＿＿＿＿＿＿＿＿＿＿＿＿＿＿＿＿＿＿

寫出幾個自我肯定的具體句子：＿＿＿＿＿＿＿＿＿＿＿＿＿＿＿＿

＿＿＿＿＿＿＿＿＿＿＿＿＿＿＿＿＿＿＿＿＿＿＿＿＿＿＿＿＿＿＿＿

雖然你目前的反應是可以理解的，但還是說說看你希望事情能夠如何不同？或是你想要怎麼改變？＿＿＿＿＿＿＿＿＿＿＿＿＿＿＿＿

＿＿＿＿＿＿＿＿＿＿＿＿＿＿＿＿＿＿＿＿＿＿＿＿＿＿＿＿＿＿＿＿

強調正向的自我肯定

敘述情境：＿＿＿＿＿＿＿＿＿＿＿＿＿＿＿＿＿＿＿＿＿＿＿＿

＿＿＿＿＿＿＿＿＿＿＿＿＿＿＿＿＿＿＿＿＿＿＿＿＿＿＿＿＿＿＿＿

標示出身在這個情境中，你的原始情緒：＿＿＿＿＿＿＿＿＿＿＿＿

＿＿＿＿＿＿＿＿＿＿＿＿＿＿＿＿＿＿＿＿＿＿＿＿＿＿＿＿＿＿＿＿

在這個情境中，你所採取的反應與行動，意義為何？＿＿＿＿＿＿＿

＿＿＿＿＿＿＿＿＿＿＿＿＿＿＿＿＿＿＿＿＿＿＿＿＿＿＿＿＿＿＿＿

Don't Let Your
EMOTIONS
Run Your Life

描述你的處理能力以及到目前為止在這個情境中你做得正確、做得好或是有效的部分是什麼？_____

_____

想一想如果你相信自己的原始情緒，在這個情境之下，你所感受到的情境會是什麼？_____

_____

想一想下一次遭遇同一種情況時，你會基於原始情緒產生反應與行動的機率是多少？_____

_____

描述你在這個情境中表現最好的努力、動機與目的？_____

_____

七 向前邁進與往外出發

　　我們已經討論過如何從內在開始控制情緒的方法，現在是向外看的時候了。在下一章中，我們將會探索如何改變外在的生活型態以便有效地管理我們的情緒。這些因素包括咖啡因、睡眠、飲食與運動對我們的影響，我們也將探索獲得以及維持身體健康、心情愉悅與享受快樂的方法。

Don't Let Your
EMOTIONS
Run Your Life

CHAPTER 10

為了情緒復原力改變生活型態

在本章中，我們將仔細探討使你的反應更加激烈或讓你更為脆弱的強烈情緒失調。這些因素很多都會影響你的身體健康，既然情緒是生理學上獨立的神經構造之一，生理上的因素均會直接影響你的情緒，像是休息、飲水以及營養等等，這些因素對你的情緒來說都具有重大、並且兼具正向與負向的影響，所以注意你的生活習慣是很重要的。

接下來我所討論的都是屬於常識性的資料，我會在此提出來主要是想讓你回憶起你已經知道的知識。我們不需要特別聰明就能瞭解到如果我們吃得適當又飽足，或者擁有適當的運動與充足的睡眠，那麼我們的感覺就會好很多，也能夠更有效地管理我們的情緒；如果我們擁有多樣且有益的人際關係，我們身邊就會有意氣相投的傾聽者與幫手；如果我們花點時間輕鬆一下，我們就會感覺好一些。

如我所言，這並不需要特別的天資，但是以下的資料可能包含一些你從來沒想過的要訣與概念，我希望你會發現它們是有幫助的。在本章後段，我們將談到如何開始藉由小小的快樂，帶來精神上的療癒與你的笑聲。

　　讓我們從那些使你特別容易過於情緒化的生活習慣開始，依次找到那些讓你容易衝動或抗拒的因素。花點時間仔細檢查以下的表格，檢核所有適用於你的因素。

　　促使容易過於情緒化的因素包含：

☐　太多咖啡因

☐　太多酒精

☐　睡眠障礙

☐　垃圾食物

☐　糖果和甜食

☐　孤立自己

☐　久坐的生活或工作，缺乏運動

☐　吃太飽

☐　吃太少

☐　其他：_____

　　_____

　　_____

　　既然這些因素全都在我們的控制中，而且對我們的情緒有很大的影響，我馬上會與你分享一些我對食物、飲料、運動、睡眠如何影響情緒的想法。但是一開始，我最好先坦白一件事，咖啡是我的最愛之一，對我來說，建議任何人減少飲用它是本書中最難寫的一部分。我坦承：美式、拿鐵、布雷維斯、卡布其諾、品質優良的重度烘焙咖啡──我全都愛（我也

愛洋芋片，那是另一個影響情緒的因素）。重要的是我努力將我所愛的食物保持在我的控制之中，請你按照我所說的去做，但別喝太多我煮的咖啡。

（一）咖啡因

咖啡因是個在早晨幫助我提神的東西，如果你是個上夜班的人，它會成為你血液的一部分。但是如果過度飲用，因為它具有利尿的功能，所以它會讓你脫水。它也會抑制你的胃口，干擾你的身體對進食所發出的訊息，導致營養不足或營養不良。沒有進食造成血糖不平衡，減少了心理與生理的功能，會造成常見的煩躁感。

太多的咖啡因會惡化心臟疾病與焦慮相關的症狀，像是心悸、感到壓力時的語無倫次、發抖、混亂的思緒。依你自己的敏感程度，它或多或少會干擾你安穩的睡眠，或引起失眠，因而造成常見的疲倦感。需要放鬆、增加體重，以及需要睡眠的人們真的應該遠離咖啡因。

（二）疾病

疾病會讓你敏感並且變得焦慮，或是加重精神疾病與其他臨床相關的症狀，所以當你生病時，去看醫生，聽他／她的建議，充分休息以及多喝水。無論是大病小病，當你逐漸康復，不要太快回到你平常的步調。去年冬天我和病毒型肺炎打了一場戰，當時我有一些像是虛弱無力和急促呼吸的症狀，我的復原主要靠著休息與大量喝水，以及暫時使用呼吸器以暢通肺部。在我開始覺得好一點之後，我把運動量增加到我得肺炎前的水準，哇，我幾乎快要昏倒了，當時，我是應該放慢腳步的。

你會發現當你依循本章的建議去改變一些習慣時，你會比較少生病。那麼你也就會有足夠的時間去工作或是去上學，反過來說，你也比較不會覺得孤單，而且重要的工作進度也比較不會落後，這些可是你壓力的主要來源。

Don't Let Your
EMOTIONS
Run Your Life

（三）運動

　　運動在許多方面對我很有幫助。在有運動的那些日子裡，我注意到自己變得有活力，心情也變得比較好，而且能夠更專心。因為工作行程的關係，我通常在早晨運動，也因此讓一整天變得更愉悅。在沒有運動的日子裡，我會覺得比較容易激動與煩亂，對壓力的感受程度降低，煩躁感也變多了。

　　研究人員已經發現生理與心理對體力與情緒健康間的關係。這並不是說如果你一天運動六小時，就能保證擁有最佳的心理與情緒健康。事實上，運動過度是一種病態，將會造成精力耗竭，並且導致飲食不正常、社交孤立、身體畸形等等。

　　我們需要鍛鍊身體來增加肌力、耐力與柔軟度。肌力訓練——例如舉重——藉由肌肉收縮的過程以減緩肌肉萎縮。耐力訓練可增加骨頭的密度，避免日後骨質疏鬆。肌力訓練增加性慾和睪丸素，這對年歲漸長的男人們特別重要，肌力訓練也有助於減少成人型糖尿病、肥胖症、心臟病、高血壓和關節炎等。

　　耐力訓練強化心臟，使氧細胞更容易輸送至你的全身，並且有助於將脂肪轉化成運動的燃料進而減少脂肪含量。心肺運動有助你感覺靈敏和消除疲勞，這與改善記憶和學習有關。心肺運動能夠減少壓力早已為人熟知，可能因為它可以降低脂肪含量，進而減少動脈中「不良的」膽固醇。

　　伸展動作能讓肌腱與肌肉柔軟有彈性，這有助於關節與肌肉在伸展收縮時能夠達到最大的範圍。而且，伸展動作能讓人感到舒服並有安定心神的作用。然而你並不需要等到運動時才做伸展動作。如果你長時間坐著工作或學習，在一天之中不時地站起來伸伸懶腰。特別是你長時間打字，或者其他重複使用精細技巧的動作時，你的身體會非常需要一些能夠減輕壓力的活動。

Don't Let Your
EMOTIONS
Run Your Life

有效運動指南

- 首先，做個體檢。如果先前你的健康出現過問題，那麼體檢對你來說格外重要，因為運動可能使你的健康問題更加惡化。你應該確實遵守醫生提供的額外指導。

- 當你做運動計畫時，由小的、容易達成的目標開始。例如，下定決心每週運動二或三天，每次至少二十分鐘。千萬不要有不切實際的期望，妄想在只花一個星期或者一個月持續運動之後，你就會擁有健美選手一樣的體格。

- 找個一起運動的同伴。有人和我一起運動，讓我的運動習慣更有規律。你找的同伴應該是個可以和你相互承諾並且持續遵守你的運動計畫的人。

- 選擇一樣你喜愛的、你真的會去做的運動，而且你也已經擁有這個運動所需要的運動器材。

- 一開始不要運動過度。就算是專業運動員，過度運動也會造成傷害，現今，他們只能回憶那些曾經跑過百哩或是舉起千斤的黃金歲月。慢慢地訓練你的肌肉，持續運動是獲得運動好處的唯一關鍵。

- 確定你所從事的運動能夠訓練你的肌力、耐力與柔軟度。運動之前、運動期間與運動之後都要飲用充足的水份，並且確認你已做過充分的暖身及緩和運動。

- 選擇一項具有娛樂性的體育活動，讓你運動起來更有樂趣。例如，與朋友結伴爬山健行、打打排球或壘球、試試保齡球和羽球等等。將運動排入你的生活作息表。如果你沒有用心挪出時間運動的話，你不可能真的去運動。時間不是問題，早上四點三十分、午餐時間，或者是傍晚，任何時間都可以是你的運動時間。

- 增強你的運動行為。在你做完三或六次運動之後，送自己一份禮物，例如一本新書或一張 CD。持續運動二個月後獎勵自己，去做

Don't Let Your
EMOTIONS
Run Your Life

一次全身按摩。利用你喜歡的東西或事物，來強化你的運動模式與動機。

● 當你運動時好好練習內觀法。全心專注在運動上面，避免運動傷害，並且增加你在這個運動上的技能與方法。

（四）休息與睡眠

現代人的生活裡，最常聽到的抱怨就是睡得不夠。沒有足夠的睡眠，整天都倍感壓力。這並非生理上所謂的生病，而是一般性的狀況。身體沒有得到充分的休息，連簡單如保持清醒與應付日常活動都會感到心有餘而力不足。深沉且足夠的休息與睡眠有助於恢復精力。休息也是讓你在運動中獲得好處的重要因素之一，因為唯有在休息期間，肌肉才可以從運動的壓力中進行修護的作用。

好的睡眠衛生

遵守以下這些原則能讓你獲得更好的睡眠與休息：

● 每天至少做二十分鐘激烈運動。

● 不要依賴酒精來助眠。酒精會阻礙你最需要的快速眼動期（REM）的深層睡眠。午後避免飲用含有咖啡因的飲料。如果你的身體對咖啡因特別敏感，你可能必須將飲用含有咖啡因飲料的時間提到更早。

● 在臥室裡不要吃東西、閱讀或者看電視。你的身體可能會將這些活動與床鋪聯想在一起，床的功能就不只是睡覺而已。

● 如果你無法立刻睡著，起身離開臥室，到另一個房間去讀一讀書或聆聽輕音樂。當你警覺到無法入睡時，如果還留在床上，你的身體可能會將這種警覺感或是煩躁感與你的床或房間連結在一起。這無助於你入睡。離開臥室，等你想睡覺時再回到床上。

● 不要輕易地評斷你的失眠狀況。如果你開始評斷自己的情況，或是

產生激烈反應，告訴自己睡不著真是一件非常糟糕的事，可能會激起你強烈的情緒，像是生氣或焦慮等等，因而讓你無法休息。

- 練習橫膈呼吸或腹式呼吸法。坐著或躺在能夠讓你自己放輕鬆的地方。開始做三次深呼吸，全心感受空氣慢慢地進入與離開你身體的感覺，全心專注在呼吸的動作上。

- 如果你只是感到疲倦與煩躁而無法入睡，躺在沙發或是舒服的地板上。準備一條濕毛巾或手巾，把它摺疊起來，輕輕敷在你的眼睛上，不要摀蓋住你的嘴巴或鼻子。這塊布會讓你的眼睛閉起來，足以阻擋視覺上的刺激，讓你的腦子得以休息片刻。放一些輕柔的音樂，最好把燈全部關掉，但如果你想要一些燈光，只要一點點就好，點一盞燭光，或是讓夜燈亮著。你所處環境中的一切都應該是舒服而且可以讓人得以充分休息。

- 沖個熱水澡或泡澡。喝杯熱牛奶，熱牛奶中含有氨基酸，那是一種眾所皆知能夠讓身體放鬆的化學成分。

- 避免思考惱人的事情或往事。不要在夜晚解決問題，特別是在凌晨三到四點鐘，無論如何，此時你都無法有效地處理太多問題。如果你的心裡掛慮著一些麻煩的事情，花點時間把它寫在一張待辦事項的清單之中。把問題留在清單上面，然後放心去睡覺。早晨你醒來後，它們還是會在那兒等著你去處理。

- 將鬧鐘設定好你早上想要起床的時間。不管你睡多久都得起床。這是讓你的睡眠習慣開始規律最好的方式。你不能強迫自己睡著，但你可強迫自己醒著。每天早上在一個固定的時間起床，對於處理失眠與其他睡眠困擾是最有效的方法。

- 如果你已經長期出現睡眠困擾，或者認為自己可能有睡眠障礙，看看你的醫生，有必要的話諮詢專科醫師。認知行為治療法對睡眠障礙有良好的療效。

Don't Let Your
EMOTIONS
Run Your Life

（五）宗教與靈性

愈來愈多的研究文獻顯示宗教和靈性對人們有好處。為什麼呢？從非常實際的層面來看，有宗教信仰的人比世俗的人擁有較少的壞習慣。例如許多宗教與心靈團體不滿抽煙、酒精與暴食等習慣。因而這群人們處於癌症、酒癮與心臟病等健康問題的低風險之中。再者，虔誠信仰、心靈堅定的個體通常與擁有同樣信仰的其他個體保持著健康及相互支持的人際關係，互相回應的支持力量能讓人際關係的優點發揮到極致。祈禱、冥想、敬神已經顯示出與壓力低有關，這是因為這些行為提供放輕鬆與處理危機的機制。最後，宗教與靈性提供人們希望與生存的理由，而這些理由可以幫助人們比較能夠忍受生活中的困苦。

如果你不認為自己是個教徒或是有靈性的人怎麼辦？你仍能練習與宗教無關的冥想法與內觀法。另外，在你所處的社區或是你關心的議題中找出一個任務或目標奉獻你的力量，這個努力的過程也會帶給你類似於加入宗教或心靈團體同樣的功效。

增加正向的情緒

好了，現在我們該說的都說了，該做的也都做了。我們戒了煙，每晚睡足八個小時，規律地運動，飲用充足的水，吟唱印度咒語，直到我們的腦波平靜如高山湖泊。那我們現在應該怎麼辦呢？找些樂子開心享受吧！這可是醫生的命令。

花點時間看看電影、散散步、跳跳舞、嘗試新鮮的事物，或者參加讀書會、寫作團體、宗教義工或心靈團體。用點心思投入那些讓你感到興奮的事件與活動之中，你的大腦會產生讓你有幸福感的荷爾蒙，像是腦內啡和血清素等等。這也是那些為憂鬱症所苦的人們在增加活動與運動次數後，他們會感覺到好很多的原因，特別是藉由這些活動讓他們離開家裡那個封閉的環境。

（一）體會樂趣

1. 敘說你對開心的想法：＿＿＿＿＿＿＿＿＿＿＿＿＿＿＿＿＿

＿＿＿＿＿＿＿＿＿＿＿＿＿＿＿＿＿＿＿＿＿＿＿＿＿＿＿＿＿

＿＿＿＿＿＿＿＿＿＿＿＿＿＿＿＿＿＿＿＿＿＿＿＿＿＿＿＿＿

2. 你的父母如何向你示範開心的情緒？＿＿＿＿＿＿＿＿＿＿＿

＿＿＿＿＿＿＿＿＿＿＿＿＿＿＿＿＿＿＿＿＿＿＿＿＿＿＿＿＿

＿＿＿＿＿＿＿＿＿＿＿＿＿＿＿＿＿＿＿＿＿＿＿＿＿＿＿＿＿

3. 當你考慮嘗試讓自己開心時，你遭遇了什麼困難（例如，憂鬱感、
   金錢、場所的限制、沒有好點子）？＿＿＿＿＿＿＿＿＿＿＿＿

＿＿＿＿＿＿＿＿＿＿＿＿＿＿＿＿＿＿＿＿＿＿＿＿＿＿＿＿＿

＿＿＿＿＿＿＿＿＿＿＿＿＿＿＿＿＿＿＿＿＿＿＿＿＿＿＿＿＿

4. 你會阻止自己開心嗎？像是會出現罪惡感？＿＿＿＿＿＿＿＿

＿＿＿＿＿＿＿＿＿＿＿＿＿＿＿＿＿＿＿＿＿＿＿＿＿＿＿＿＿

＿＿＿＿＿＿＿＿＿＿＿＿＿＿＿＿＿＿＿＿＿＿＿＿＿＿＿＿＿

5. 當你想要做些有趣的事情時，誰會浮現在你的腦中？為什麼你認為
   你會喜歡和他們在一起？是什麼原因讓他們變得有趣而且吸引你？

＿＿＿＿＿＿＿＿＿＿＿＿＿＿＿＿＿＿＿＿＿＿＿＿＿＿＿＿＿

＿＿＿＿＿＿＿＿＿＿＿＿＿＿＿＿＿＿＿＿＿＿＿＿＿＿＿＿＿

6. 如果你曾有「開心是輕浮的」的想法，你認為你為什麼會有那樣的
   信念？＿＿＿＿＿＿＿＿＿＿＿＿＿＿＿＿＿＿＿＿＿＿＿＿＿

＿＿＿＿＿＿＿＿＿＿＿＿＿＿＿＿＿＿＿＿＿＿＿＿＿＿＿＿＿

＿＿＿＿＿＿＿＿＿＿＿＿＿＿＿＿＿＿＿＿＿＿＿＿＿＿＿＿＿

Don't Let Your
EMOTIONS
Run Your Life

7. 你認為你可以用什麼小技巧將一些樂趣注入你的生活之中？ _____

_____

_____

8. 你認為什麼會讓你變得有趣一點，或者讓你的生活更開心？ _____

_____

_____

有趣與快樂的事不見得要煞費苦心或是擲下大把金錢，以下這些例子是你馬上就可以做到的：

- 好好地逛一逛公園
- 瀏覽商店的櫥窗
- 看看機場或百貨公司的人們
- 逛逛動物園
- 租一片你最喜歡的電影
- 種一株花或一棵樹
- 開墾一處庭院
- 重新佈置家中的家具
- 看看相本
- 在圖書館或當地書店閱讀書籍與雜誌
- 約一位朋友或帶著一本書，到公園的草地上讀讀書或聊聊天
- 看看日落或日出
- 看看電視上的兒童節目或卡通
- 參加一場免費的演講或工作坊
- 在書店或社區圖書館所舉辦的工作坊或演講中發表你的意見

Don't Let Your
EMOTIONS
Run Your Life

- 打開麥克風，大聲朗誦詩歌或表演音樂
- 參觀美術館
- 去美容中心護膚
- 試著烹飪一道新菜餚
- 去流浪動物之家領養一隻小狗

其他：＿＿＿＿＿＿＿＿＿＿＿＿＿＿＿＿＿＿＿＿

＿＿＿＿＿＿＿＿＿＿＿＿＿＿＿＿＿＿＿＿＿＿＿＿＿

（二）日常生活中的正向體驗

在你的日常生活中特意去創造正向的經驗。這裡有一些很簡單又有樂趣的事情，你可以考慮試試看：

- 洗一個從容的、豪華的熱水澡
- 喝一杯上面打著鮮奶泡的熱可可
- 逛一遍附近的公園或鄰近社區
- 閱讀一本好書
- 看一齣電視喜劇
- 在熟食店裡試吃食物
- 參加地方上的節慶活動
- 參加地方上免費的現場音樂會或藝術活動
- 播放輕柔或快樂的 CD 音樂
- 收看你最愛的電視節目
- 告訴某人你愛他們
- 修剪／設計／或護髮
- 修剪手指甲或腳趾甲

- 睡個午覺

- 沿著小河、小溪或海岸散步

- 做個背部按摩

- 在這個星期中，選一天好好地睡大覺

- 做個按摩

- 點一樣你最喜愛的食物，慢慢地、小心地品嚐每一口

- 坐在公園的長椅上看書

- 寫一首有趣的詩

- 慢慢品嚐你最愛的拿鐵咖啡或是花草茶

- 在你最愛的咖啡屋或書店裡消磨時間

其他：＿＿＿＿＿＿＿＿＿＿＿＿＿＿＿＿＿＿＿＿＿＿＿

＿＿＿＿＿＿＿＿＿＿＿＿＿＿＿＿＿＿＿＿＿＿＿＿＿＿＿＿

＿＿＿＿＿＿＿＿＿＿＿＿＿＿＿＿＿＿＿＿＿＿＿＿＿＿＿＿

　　從我的治療經驗中，我知道對某些人來說，玩得開心真的是他們最難做到的事情之一。如果你想要管理你的情緒，樂趣是一個很有用的幫手。它能讓你保持忙碌，給你日後快樂的回憶，增加你腦內啡分泌量，更棒的是，它通常是免費的。

　　在一個星期之中，每天練習做一件會令你愉悅的事情。這些事情不必是需要花錢或是很複雜的。以上我所舉出的例子大部分都非常簡單。使用以下的練習表記錄你一週裡「快樂」的體驗。在相應的日子裡，寫下你所做過快樂的事，例如，你可能寫下「今天我去給人按摩」或是「我走遍公園」。在下一個格子中，簡短地敘述你的感覺，例如，你可能寫「鬆了一口氣」、「我很高興」，甚至可能是「覺得愧疚」——不管你的真實感覺是什麼，都老實地寫下來。在「阻礙」這一欄中，寫下那些似乎企圖妨礙你增加正向事件的阻礙，例如，「和老公／老婆吵架」。

一週的快樂實踐			
日期	快樂的事	我的感覺	阻礙
星期一			
星期二			
星期三			
星期四			
星期五			
星期六			
星期日			

Don't Let Your
EMOTIONS
Run Your Life

二 長期生活方式的改變

生活中任何的改變，長期下來，無論大小都會帶給你一股持續性的歡愉或是好處。它們之中有些會讓你感覺比較好，有些則會幫助你避免想到過去那曾經帶給你太多情緒化的問題。這並不難以理解或不可思議。這全是持之以恆所帶來的好處。

改變你的生活，可以從下面的事情開始：

- 學習一項新的運動
- 旅遊
- 學習一種新的語言
- 採取一種感恩的態度
- 常常禱告或沉思
- 寫信給家人和朋友
- 閱讀更多的書
- 吃更多的蔬菜
- 常常打電話給你的親戚
- 開始上舞蹈課程
- 學習攝影
- 不再購買你不需要的垃圾商品
- 準時付帳單
- 更常做舒展動作
- 把舊相片整理到相本或盒子裡
- 把文件、表格與銀行帳單歸檔
- 有困難時，尋求協助

Don't Let Your
EMOTIONS
Run Your Life

- 更常說「不」

- 分擔你的工作

- 減低信用卡負債

- 飲用足夠的水

其他：_____

_____

_____

三 保持正向的想法

　　有時候生活似乎是紛紛擾擾，很討人厭，那是因為你看不見那些正向和令人興奮的事情。當你過得很開心的時候，你就開始擔心歡樂的時間將會結束。更糟的是，這樣的負向思考會是一種惡性循環。負向的期待會產生負向的情緒，因而阻礙正向事件得以實現。這會變成你看待生活的模式，導致你連一件正面的事情都會解釋成一種負面事件。時時刻刻保持正向思考需要內觀技巧的幫助。練習專心體驗正向的情境，不再擔心快樂的時光會結束，去除心中的雜念，單純地看待這一件正向的事件。

　　以下是專心體驗正向情緒的一些原則：

- 用心注意到正向情緒出現在你心中的時候

- 不必緊抓著正向情緒不放

- 也不要急著把它推開

- 放下憂慮的想法

- 放下那些關於正向事件或感受會結束的想法

- 感受當下你所感受的情緒

- 不要被害怕或擔心讓你分心

四 內觀正向情緒的練習

首先，你應該確實遵守以下的練習，當你對於這些練習熟練到某種程度以後，再開始依據你個人的習慣加以變化。如果有必要，你甚至可以在內容上做一些替換。如果你不喜歡喝咖啡也不喜歡喝茶，那麼就試試柳橙汁吧。細節並沒有你的總體目標來得重要，這個練習的目的是讓你形成一種生活方式，在每個事情發生的時刻更加清醒與敏感。不要讓正向事物只是與你擦身而過，也別讓憂慮想法掠奪了你生活中所能享受的這些美好與愉悅時刻。不要逃避正向的事物。

（一）飲用你最喜歡的熱飲

如果你在一家餐廳或咖啡館購買飲料，早一點兒決定你要喝什麼，這能夠讓你從容地在店裡多坐一會兒。將熱飲握在手中，感受飲料從杯子裡傳來的溫暖，注意到你的手和皮膚對溫暖的反應。悠閒地將飲料舉到鼻子前面，慢慢且小心地聞著飲料的味道，注意到香味經過鼻孔，激發你的嗅覺，感受到味道，接下來，非常緩慢且小心翼翼地啜飲第一口。讓飲料慢慢地洗滌你的口腔與舌頭，努力注意這個香味在你口腔中與味覺混合的感受。對自己描述這個味道，是苦的？酸的？甜的？還是順口的？

當你持續專注於你的飲料時，對任何擔心的想法保持警覺性。若是你分心想到工作、學校、教會與家庭生活，讓這些想法來來去去，不要緊抓住它們。僅僅注意到你有這些想法的產生，然後讓它們消失，輕輕地將注意力帶回到你正在享用的飲料上面。你手上這杯飲料是此刻所有的一切。在你分心時，將注意力轉回到你的呼吸，再次專注於此刻的練習，即使它只是幾分鐘的時間，既不想未來，也不想過去。盡可能地將經驗停留在此刻。當你喝完了飲料，你可以讓自己回到工作、閱讀或者是看看身邊的人們。

（二）聆聽你最喜愛的音樂

挑選出你最喜愛的那片音樂 CD。當你播放它時，閤上你的眼睛，清除你心中的雜念，全神貫注於樂曲的每個音符，注意節奏、和聲與音效。努力注意並且盡可能地對自己敘述音樂中出現的樂器聲音，你也不要做別的事，只要聆聽音樂就好，讓自己隨著樂曲流動，與音樂融為一體。如果你注意到心中想著今天稍後要做的事情，只要注意到這些想法的出現，標示這些想法，就是這樣而已，然後讓它們輕輕地離去。緩緩地將心思帶回音樂曲調中，注意到聆聽音樂帶給你的愉悅感，聆聽整片音樂 CD。如果你只有聽一首曲子的時間，那麼就全神貫注，全然地與這首曲子同在，讓所有的憂慮想法離去。不要有這首歌結束後會怎麼樣或者這首歌即將會結束的想法。

（三）按摩

為你自己安排一次專業按摩。讓你自己在按摩師的按摩下，完全地體驗肌肉的放鬆。注意按摩油的香味，或者屋內的薰香。讓你自己感受到被觸碰的愉悅，或者被關懷的樂趣。如果你注意到自己的思緒飄到對於你自己來按摩的評價，注意這些想法的出現，然後輕輕地回到當下，體驗被按摩的感覺。如果你發現自己在此刻分神，不要去評斷自己。只要輕輕地引導自己的意識與注意力回到當下，讓你自己活在此時此刻，不要因為被過去或未來牽著走導致你無法享受當下，不要想著工作，如果你對這樣的放縱感到愧疚，只要注意到並且將你的愧疚歸類，然後就讓它離去吧！在此刻你的任務與目的是完全地體驗按摩。

（四）閱讀一本你喜愛的書

選一本你喜歡的書。它可以是小說、散文、詩歌、宗教等等，任何一本文學作品。讓你自己全神貫注於所閱讀的內容。當你閱讀時，就只是閱讀，不要讓你的思緒到處遊盪。如果你注意到你正在神遊發呆，做一下深

呼吸，輕輕地將你的心思帶回到閱讀。讓你自己全神貫注於你所閱讀的內容，或者努力記住你讀到的部分內容。讓作者帶你前往故事或文學所到之處。不要加以評斷，只要享受閱讀的當下。如果你認為大聲唸出書本的內容能夠幫助你專心，那也無妨。試一試閱讀一小時或是幾個小時的時間。你也可以從五分鐘開始。不管你什麼時候閱讀，讀了多長的時間，只要專心閱讀，那就是你這段活動期間的目的。

（五）走遍公園

在你居住的地方找到一個令你感覺舒適的公園，挑一個安全的時間去走一遍。如果你家附近沒有公園，那就到你鄰近的地區找找，最好是有許多的樹，交通流量少的地方。當你散步時，注意到樹木、花朵、房子與路人。將你看到的景色全部盡收眼底，讓你自己面對美麗與平靜，感受快樂或寧靜的情緒。如果有太陽，注意到陽光撒在萬物上，呈現出多姿多彩的景象。如果是陰天飄著毛毛細雨，注意到涼爽的感覺與雨水濕潤大地，創造生命與滋養萬物的美麗。專注於當下，不要讓工作或煩惱讓你分心。不要擔心明天會發生什麼事。明天的煩惱留到明天去想。此刻你只要專注在步行上。自然地踩著步伐，感受你的腳碰觸地面，以及抬起的動作，以你能接受的速度前進。給自己一個小時美好的時光，完全地享受散步的樂趣。

內觀正向事物

就像所有其他你所學習到與練習的技巧，你都要盡可能地重複練習與運用，直到它們變成你的第二天性，成為你個性的一部分。使用下面的練習，記錄下你對正向事物的內觀，或是寫下你自己想的出來快樂事件。

描述能夠令你快樂的活動：＿＿＿＿＿＿＿＿＿＿＿＿＿＿＿＿
＿＿＿＿＿＿＿＿＿＿＿＿＿＿＿＿＿＿＿＿＿＿＿＿＿＿＿＿＿＿
＿＿＿＿＿＿＿＿＿＿＿＿＿＿＿＿＿＿＿＿＿＿＿＿＿＿＿＿＿＿

你注意到心中出現什麼正向的情緒？＿＿＿＿＿＿＿＿＿＿＿＿＿
＿＿＿＿＿＿＿＿＿＿＿＿＿＿＿＿＿＿＿＿＿＿＿＿＿＿＿＿＿＿
＿＿＿＿＿＿＿＿＿＿＿＿＿＿＿＿＿＿＿＿＿＿＿＿＿＿＿＿＿＿

描述你如何抓住或摒除任何正向的情緒：＿＿＿＿＿＿＿＿＿＿＿
＿＿＿＿＿＿＿＿＿＿＿＿＿＿＿＿＿＿＿＿＿＿＿＿＿＿＿＿＿＿
＿＿＿＿＿＿＿＿＿＿＿＿＿＿＿＿＿＿＿＿＿＿＿＿＿＿＿＿＿＿

描述你心中所有擔心的想法，以及你如何放下它們：＿＿＿＿＿
＿＿＿＿＿＿＿＿＿＿＿＿＿＿＿＿＿＿＿＿＿＿＿＿＿＿＿＿＿＿
＿＿＿＿＿＿＿＿＿＿＿＿＿＿＿＿＿＿＿＿＿＿＿＿＿＿＿＿＿＿

描述你如何放下所有關於「正向事物都會結束消失」的想法：＿＿
＿＿＿＿＿＿＿＿＿＿＿＿＿＿＿＿＿＿＿＿＿＿＿＿＿＿＿＿＿＿
＿＿＿＿＿＿＿＿＿＿＿＿＿＿＿＿＿＿＿＿＿＿＿＿＿＿＿＿＿＿

描述你把握當下，享受正向經驗的有效程度是如何：＿＿＿＿＿
＿＿＿＿＿＿＿＿＿＿＿＿＿＿＿＿＿＿＿＿＿＿＿＿＿＿＿＿＿＿
＿＿＿＿＿＿＿＿＿＿＿＿＿＿＿＿＿＿＿＿＿＿＿＿＿＿＿＿＿＿

描述你的害怕或煩惱是如何地阻礙你的感受：＿＿＿＿＿＿＿＿＿
＿＿＿＿＿＿＿＿＿＿＿＿＿＿＿＿＿＿＿＿＿＿＿＿＿＿＿＿＿＿
＿＿＿＿＿＿＿＿＿＿＿＿＿＿＿＿＿＿＿＿＿＿＿＿＿＿＿＿＿＿

Don't Let Your
EMOTIONS
Run Your Life

　　當你增加你的情緒復原力，相對地，你會發現你的情緒已經失去一些
能夠擊垮你的能量。在下一章中，我們將會探索一些新的技巧，讓你能夠
確實地改變你的強烈情緒所帶來的影響，進而消除它們。我們將會討論具
體的策略，包括在 DBT 中，我們稱之為「相反情緒」的方法，來改變強烈
的情緒，讓它們不再影響你到無法上學或上班的地步，你也能夠面對日常
生活的挑戰。

CHAPTER 11

改變強烈情緒

　　你應該還記得我們討論過，當一種特定的情緒啟動時，它會激起你所有必須的生理系統，讓你能夠經驗那個情緒。這樣的情緒／生理機制會保持在待命狀態，一再地被激起，以備你隨時能因應情緒的需要而採取行動。

　　如果你得知一位跟你很親近的人去世的消息，你會感到難過。從那一刻起你開始經驗「悲傷」，其他的情緒會跟著出現，但是你的情緒中還是會對悲傷或哀傷特別敏感。生理上，你失去活力，可能會想要逃避別人的陪伴。但你還是得去上學或工作，或是面對一個重要的工作任務，而你心中強烈的悲傷情緒會干擾你做事的效率。如果你必須在學校或工作場合中上台報告，這個報告是完全無法取消的，那麼你就必須改變你的情緒，不讓它影響你，你的報告才能吸引你的同學或聽眾。

　　讓我們更清楚地說明一件事：改變強烈情緒並不表示你要否定情緒。所謂改變強烈情緒意謂著讓情緒改變方向，掌握情緒，或者運用情緒的能量來幫助你。這個概念的重點是直接面對潛在的破壞性情緒，破解它們，使它們不具危險性，那麼它們就不會威脅或干擾你的生活。

一 應付強烈情緒的具體策略

為了改變強烈情緒，首先你得辨識什麼是強烈情緒。為了瞭解你的情緒，你必須回顧你學到的內觀技巧。你必須有足夠的自我察覺能力以辨識你的感受，你也必須察覺強烈情緒如何影響你，才能瞭解該如何改變強烈情緒。接下來，我們將再次檢視特定情緒如何影響我們行為的衝動與其功能，以及兩者之間的連結性，我們會特別注意那些帶給許多人麻煩的情緒（提示：其中一個主要的麻煩情緒是愛）。

改變強烈情緒包含四個基本步驟。這些步驟幫助你能夠察覺自己的情緒，然後採取行動以舒緩或停止這個情緒與其背後所蘊含的意義；這四個步驟分別是：

1. 「練習內觀情緒法（觀察與描述）」。你能夠察覺你的感受與經驗，然後你就知道該怎麼做。

2. 「改變你的肢體語言與身體姿勢」。它們會傳達訊息給你的大腦，以持續激發那些你想要改變的情緒。

3. 「改變你的臉部表情」。和身體姿勢的功能一樣，你的臉部表情會告訴你的大腦該產生什麼樣的情緒。

4. 「採取與你的情緒相反的行為」，以中斷你當下的情緒，這也能夠阻止強烈情緒再度被激起。這表示你可以選擇採取與你的強烈情緒完全相反的行為。

二 採取與情緒相反的行動

我們先從第四個步驟開始談起，我必須要解釋採取與情緒相反的行動「不」一定是必要的。有些時候你的情緒會因應你所處的環境，而要求你採

取必要與合適的行動。然而，當你的情緒太過強烈時，或是你被情緒所淹沒，此時，你的情緒是阻礙你而非幫助你，那就是你需要練習相反行動的時機。

理論上這是非常好的點子，但我知道實際上要付諸行動是非常困難的。想像你很害怕開口邀約某人。那麼你需要做的相反行動是什麼呢？當然是大膽提出邀約。如果你被拒絕，那就去詢問另一個人，而且盡可能常常去練習邀約別人。你害怕在公開場合說話嗎？選修一門演說課，完全地參與其中，輪到你上台的時候，好好準備並且勇敢地發表演說。這個策略就是「表現出你好像是……」。當你表現得好像不生氣，最後你終將不再生氣。如果你表現得好像不傷心，你的悲傷將會消失。

為了讓相反的行動產生效用，你必須一再地練習，直到你的情緒真正改變為止。在你注意到任何改變之前，它可能需要一些時間，所以不要立刻放棄。你必須真的去釋放對你自己、你身處的情境，甚至練習相反情緒時出現的所有指責與批評，你要將自己完全投入「相反行動」之中，盡可能地做到將你整個人專注於不同的行為、不同的思考，最後你的感受也將不同。允許你自己有不同的感覺，釋放過多的怒氣、過多的悲傷，或者過多的擔心。察覺你每一個行動，並且專注於有效的結果。

（一）憤怒的相反

強烈的憤怒會阻礙你的工作，你可能感覺緊張，並且被那些引起你生氣的人事物所困擾著。看看以下的表格，檢核所有適用於當你太過生氣時的反應，並且將你自己的反應寫在下面的空白處。

當我感覺非常生氣時，我會：

☐ 開快車或激動地開車

☐ 怒視人們

- ☐ 挑釁他人
- ☐ 遷怒他人
- ☐ 說出我可能會後悔的話
- ☐ 發覺別人正躲著我
- ☐ 感覺到被孤立
- ☐ 推開、撞擊或用拳頭猛擊某人
- ☐ 胃部翻騰，或者沒有胃口
- ☐ 感覺緊張或激動
- ☐ 感覺到心臟產生問題或出現高血壓
- ☐ 失眠
- ☐ 正在戒掉的習慣又再度上癮
- ☐ 摔東西或是破壞東西
- ☐ 說話衝動，事後又後悔
- ☐ 干擾我的學習或傾聽
- ☐ 干擾我的工作表現
- ☐ 老是想著錯誤或報復的想法
- ☐ 其他：＿＿＿＿＿＿＿＿＿＿＿＿＿＿＿＿＿＿＿＿

＿＿＿＿＿＿＿＿＿＿＿＿＿＿＿＿＿＿＿＿＿＿＿＿＿

＿＿＿＿＿＿＿＿＿＿＿＿＿＿＿＿＿＿＿＿＿＿＿＿＿

改變你的憤怒，採取以下四個步驟：

1. 練習內觀你的憤怒（觀察與描述）

- 我注意到一股怒氣正衝擊著我
- 我注意到我的牙齒緊緊地咬著
- 我察覺到我肩膀有緊繃的感覺
- 我注意到有想要大叫／攻擊／大哭／大罵／大發脾氣的衝動
- 我察覺到自己有「我恨某某人／事！」的想法
- 我察覺到自己有「學校／職場／人生真不公平！」的想法

其他：_____

_____

_____

2. 改變肢體語言與姿勢

- 深呼吸三次
- 如果你的雙手握拳，放輕鬆並打開拳頭
- 將攻擊性的姿態改為友善且吸引人的態度
- 將你的手放在口袋中

3. 改變臉部表情

- 露出一點點微笑（但不是嘻皮笑臉）
- 展現出一種你認為可以傳達你開朗心情的表情
- 露出同情憐憫的表情
- 運用你的臉部表情傳達你對他人的興趣
- 運用你的臉部表情傳達你的善意

Don't Let Your
EMOTIONS
Run Your Life

其他：_____

_____

_____

4. 採取與你的憤怒相反的行為

- 告訴某人你關心他們
- 告訴某人「我愛你」
- 注視著一棵樹
- 做一次身體按摩
- 小心避開讓你生氣的那個人
- 特別小心地處理你手邊的事
- 慢慢地、專心地喝杯冷開水
- 擁抱某人
- 為你的仇人祈禱
- 想想那個讓你生氣的人，對方的生活可能非常艱困
- 對那個讓你煩心的人說一些讚美的話
- 大聲對自己說：「我可以處理這個情況。」
- 如果你正在開車，要特別小心，開得比平常更慢
- 花五分鐘伸展鬆弛你上半身與下半身的肌肉
- 想一些和憤怒相反的事情，像是快樂的時光、美麗的地方、成功的事件等等
- 聽一聽輕柔的音樂與你喜愛的歌曲

其他：_____

_____

_____

（二）恐懼的相反

　　無法控制的、強烈的恐懼情緒會讓你的生活品質陷入混亂，妨礙你的工作能力、人際關係、個人發展、旅遊，以及許多其他事情。極端恐懼的案例包括恐慌症與懼曠症，後者是一種讓人變得害怕到幾乎無法走出戶外的疾病。檢核以下表格中你適用的項目。

　　當我覺得非常恐懼時，我經常會：

☐　胃不舒服

☐　錯過聚會、上課或工作

☐　逃避旅遊

☐　逃避外出

☐　不肯開始或完成計畫

☐　總是質疑自己

☐　感到偏執或疑心

☐　逃避新鮮有趣的事情

☐　避開有趣的人，逃避約會

☐　逃避公開的表演

☐　沒有胃口

☐　失眠

☐　出現悲觀的想法

☐　胡思亂想

Don't Let Your
EMOTIONS
Run Your Life

☐ 當下無法完成任何事情，因為我總是在擔心未來

☐ 無法期待新工作，沒有事情吸引我

☐ 逃避上學

☐ 其他：_____

_____

_____

為了改變你的恐懼，採取以下四個步驟：

1. 練習內觀你的恐懼（觀察與描述）

- 我注意到害怕已經向我撲來
- 我觀察到我的思緒紛亂
- 我注意到我忐忑不安
- 我觀察到我正在逃避一個人或一個情境
- 我感覺到我有想要逃避的強烈慾望
- 我注意到「我無法處理這個情境」的想法已經出現在腦海
- 我注意到我有「別人將會知道我有多麼緊張」的想法
- 我注意到我的身體在發抖或緊張

其他：_____

_____

_____

2. 改變肢體語言與姿勢

- 站直身子

Don't Let Your
EMOTIONS
Run Your Life

- 與他人保持適當的眼神接觸
- 自在地坐著
- 凝視著天空一會兒
- 頭抬得高高地
- 自信地站著
- 自信得走著
- 在椅子上坐直，雙手輕輕交握著
- 將手平放在電腦或桌面上，但不要敲打鍵盤
- 坐著不要抖腳

其他： _____

_____

_____

3. 改變臉部表情

- 試著表現出「嚴肅」的臉部表情
- 努力模仿有自信的臉部表情
- 露出微笑
- 表現出開朗的臉部表情
- 試著誠懇地看著他人，表達出你的興趣

其他： _____

_____

_____

4. 採取與你的恐懼相反的行為

- 接近你害怕的人和事

Don't Let Your
EMOTIONS
Run Your Life

- 如果你害怕上學，就去上學
- 如果你害怕旅行，找一個機會去附近的城市或名勝古蹟做一次短程的旅行
- 如果你害怕約某人出去，那就去約。如果你被拒絕了，約另一個人，不成功，再約下一位
- 如果你受邀出席宴會，那就去吧。一旦你到了現場，問候人們，並且介紹自己
- 如果你正在為找工作而擔心，接受所有的面談機會，即使你不一定想在那裡工作
- 全心投入這個練習，好好地把它學會

其他：_____

_____

_____

（三）悲傷的相反

你曾聽過一句話：「不要把你的家建在墓園之上」嗎？我喜歡這個說法，因為它告訴我們墓園是真實存在的，那是悲傷與紀念的場所。墓園肯定了我們的失落。但是把家建築在墓園的意思是你時時刻刻讓自己生活在悲傷之中。如果你的心「住」在墓園裡，你將錯過你的餘生，那些美好的事情只會發生在墓園之外。如果你的悲傷或哀傷持續太久或太強烈，練習以下的技巧。看看這個清單，檢核你是否有這些因為太過悲傷所造成的問題。

當我感到非常傷心，我經常會：

☐ 覺得沮喪與冷漠無情

☐ 浪費時間不斷想著我失去的人或事

☐ 發現我的人際關係出了問題，因為我沉溺在失落感之中

☐ 沒有胃口

☐ 睡太多或睡不夠

☐ 認為我再也不會去愛人了

☐ 討厭那些看起來快樂的人

☐ 計畫自殺

☐ 免疫力降低，常生病

☐ 拒絕想要認識我的人

☐ 健忘

☐ 感覺痛苦

☐ 惡意對待他人

☐ 其他：_____

_____

_____

改變你的悲傷，採取以下四個步驟：

1. 練習內觀你的悲傷

- 我觀察到悲傷籠罩著我
- 我注意到我的活力漸漸枯竭
- 我觀察到哀傷在我內心升起
- 我感覺眼淚從眼中湧出

2. **改變肢體語言與姿勢**

- 抬頭

- 坐直

- 挺直身體，大步行走

- 看看電視喜劇

- 聆聽振奮人心的音樂

3. **改變臉部表情**

- 露出微笑

- 微笑迎人

- 展現出自信的表情

- 在工作、學校或家裡，與人保持眼神接觸

4. **採取與你的悲傷相反的行為**

- 去做你必須做的事情，而不是逃避

- 去上班、上學，或做些宗教服務

- 運動

- 吃飯

- 唱聖歌，或者哼哼快樂的曲調

- 維持你個人的衛生習慣

- 盛裝打扮

- 去散步

- 在圖書館或書店打發時間

三 當好情緒轉壞時

如我們所瞭解的，有些我們通常認為是負面的情緒卻有其正面的與適應性的功能。例如，生氣可以提供你能量以克服困難。相反地，好情緒有時候也會變成問題。

對於某個東西或某個人太有興趣時會變成一種迷戀或上癮，這會有損你的工作或人際關係。如果你完全沉溺於一個研究主題中，你會忽略你的朋友或家人；經年累月下來，你會感到疑惑，為何你不再與他們親密如昔。即使是需要很多時間的工作或研究，例如：念大學或是讀研究所，你若是太投入於其中，終究會威脅到你在工作或研究領域以外的人際關係。

你曾有過像是正在學習如何使用或組裝新電腦這類的事情嗎？你是否曾有過對電腦太感興趣，以至於當朋友拜訪你和你的家人時，你匆促地應付他們，繼續玩你的玩具？正當的興趣是需要你花特別多的時間，但你不一定得犧牲所有你與心愛的人親密的時間。有時候興趣是一種逃避人際關係有效的工具，你可以藉著興趣的重要性和正當性來偽裝你對興趣的過度迷戀。

如果要我找出一個正向情緒，而這個正向情緒比起其他情緒都還可能引起更多的麻煩，那麼它會是愛與吸引力——那也就是說當你被某個人深深吸引，但是那個人卻不是你的伴侶或配偶的時候。

（一）愛與吸引力

如同所有其他的情緒一樣，對於不是你的配偶或伴侶的異性感到被吸引或者甚至是產生浪漫的愛，這並不特別或是不好，它是人生的一種可能。但是你對於這個情緒的處理方式、如何詮釋與反應，這中間的差別將會決定這個情緒是否會成為你的問題。

如果這種愛或吸引力的感覺引誘你私通，你可能開始採取一系列的行為，而危害你現有的感情與相關的所有事物。外遇並非始於不好的意念。大部分的人說外遇的發生就只是與人戀愛，只是那個人並不是你的伴侶或配偶。興趣、吸引力與私通，這些情緒結合起來讓你陷入一段新感情之中，這也即將威脅你現有的感情關係。

即使你仍單身，沒有任何伴侶需要擔心，但是任何不符合你的邏輯與常識的危險感情仍然令人憂慮。這些隱憂包括性病、意外懷孕，還有當你瞭解到對方只是渴望與你發生性關係，並不如你所想像的願意與你分享深厚的愛或感情時，隨之而來的心碎痛苦。有時候強烈的愛與吸引力會讓人們進入一段充滿暴力的關係之中，也有可能導致犯罪或被虐待的行為。

我說這些話並不是要你不相信你的愛或你的吸引力，但是你應該對待它們如同你其他的情緒一般，保持你敏銳的智慧，留意你個人的價值觀，不要因一時衝動而犧牲它們。

（二）愛變成了你的問題嗎？

如果新的愛情對你現有的感情成了一種威脅，這裡有一些問題可以問問自己：

- 最終你想得到什麼？
- 什麼行為會威脅到我現有感情的存在與品質？
- 什麼樣的行為最接近或符合我的道德與價值觀？
- 有什麼是我希望我的伴侶或配偶給我，而我卻還沒有向對方表達的？
- 我如何將吸引力的能量轉向我現有的感情之中？
- 從追求這個新的人身上，我實際上獲得什麼？

這裡有一些跡象，顯示你正與某人在情緒上有過度糾纏的現象：

- 與他／她單獨散步、吃午餐或喝咖啡

- 與他／她分享你自己的感情問題

- 他／她與你分享自己的感情問題

- 你渴盼見到他／她

- 你期待與他／她單獨相處

- 你會對你的配偶或伴侶隱瞞與他／她約會或聊天的事情

- 當你和他／她一起時，你會感到性的衝動

- 你送他／她禮物卻沒有告訴你的配偶或伴侶

- 你開始將你的配偶或伴侶與他／她做比較

改變你的愛與吸引力，採取以下四個步驟：

1. 練習內觀你的愛與吸引力

- 我觀察到自己被某人所吸引的感覺

- 我注意到當我和那個人相處時，我感到非常興奮

- 我注意到當我們獨處時，心中湧起愛的感覺

- 我注意到我有愛與被愛的感覺

- 我觀察到我想要對這個人付出愛情

- 我注意到我想和這個人發生性關係

- 當我和那個人共處時，有種溫暖的感覺圍繞著我

2. 改變肢體動作、姿勢與位置

- 不要靠近這個人

- 不要與強烈吸引你的人單獨相處

- 不要為討對方歡喜而刻意打扮或擦香水

- 不要與對方深情相望

- 避免不合宜的擁抱、握手、撫摸或愛撫

3. 改變臉部表情

- 表現出純友誼的表情，就像是你與普通朋友談話的表情或態度
- 不要與對方的眼神直接接觸太久
- 展現淡淡的微笑

4. 採取與你的愛與吸引力感覺相反的行為

- 把這個人視為你的兄弟或姊妹
- 把你的配偶或伴侶納入你與這個人的談話之中，提到「我的太太」或「我的丈夫」或使用他們的名字，特別當你強烈地不希望提到他們或是想要把他們當做秘密時
- 不要刻意打扮以吸引對方或討對方歡心
- 告訴你的配偶或伴侶你和這個人的互動情形，特別當你注意到你會比較想將他們當做秘密時
- 不要與對方單獨相處，特別當你意識到你有強烈的渴望時
- 不要與對方有任何親密的談話
- 不要約他們出去
- 邀請這個人到你的配偶也會出席的聚會，那麼你的配偶對你們兩個人來說就會變成一個活生生的現實
- 把你的配偶或伴侶的相片放在你的桌上或工作場所
- 告訴你的配偶或伴侶有關你對這個人的吸引與迷戀
- 告訴你的好朋友有關你對這個人著迷的事
- 婉拒與對方有任何進一步的發展
- 如果有必要，小心翼翼地完全躲開那個人
- 不要與對方有任何私下的會面、共進午餐或喝咖啡

Don't Let Your
EMOTIONS
Run Your Life

- 當你和對方談話時，提及你的配偶或伴侶正面的、好的特質
- 如果你對你的配偶或伴侶有一肚子苦水，告訴你的小狗、朋友、牧師、治療師——而不是吸引你的那個人
- 因為你是個活生生的人，當然你會有七情六慾，承認你的感覺
- 觀察與描述你生理上的反應（激動、心跳加快、呼吸急促）
- 觀察與描述隨著愛與吸引力而出現的衝動
- 承認對方吸引你的特質（身材、聰明、共同的興趣）
- 將你的經驗視為正當的感情，並且告訴自己這是正常的

四 將知識轉化為技巧

　　本書最後一部分專注於將我們目前所學習到的每件事情轉化為能夠應用在日常生活中的實用技巧。在第十二章中我們將討論一般的人際關係技巧，包括如何面對難以相處的人。第十三章則專注在如何面對那些我們所心愛，偶爾會討厭的人，包括我們親密的朋友、配偶與伴侶。最後，在第十四章你將學習到具體的方法來處理危機以及如何安撫你自己，這將有助於你巧妙地處理痛苦與焦慮。

Don't Let Your
EMOTIONS
Run Your Life

熟練情緒管理的生活

CHAPTER

人際關係技巧

情緒連結著你與周圍的人和世界，適應性原始情緒有助於增進人際關係。「情緒是一種連結個體與環境有關的經驗；人生經歷著種種情緒，在這個世界上令我們生氣、傷心或害怕的人事物的情緒」（Greenberg & Johnson, 1988）。

有時候當你必須與他人溝通時，你的情緒也許會太過強烈，或是太過軟弱。或者在你表達訊息時，你的臉部表情和你說出的話並不一致。在以下兩章中，我們將會著重於發展如何讓我們有效地與周圍的人溝通情緒的方法。在本章中，我們先討論一般的人際關係技巧。在第十三章中，我們則著重在我們的親密關係。兩者，我們都會談論到 DBT 治療師所稱的「人際效能」（InterPersonal Effectiveness, IPE）技巧。

一 人際效能技巧

在 DBT 中，人際效能技巧包括如何提出你的需求、如何對他人說「不」，以及如何處理你可能會面臨到各種（家人、朋友、工作夥伴、老師等等）的人際衝突。這些技巧聽起來也許相當普通，但卻是難以實行。

如果你需要讓某人知道你生他們的氣，不高興地板起臉孔或是輕輕地說都無法有效地表達你的憤怒程度，其他人可能會認為你只是稍微被惹惱，並不「瞭解」你真的氣瘋了，IPE 講的就是如何以清楚且有效的方法來表達情緒。

在哪些情境或場景中，IPE 技巧能夠讓你獲得好處？

- 家中

- 職場

- 學校

- 購物

- 外出用餐

- 開車超速被警察攔下時

- 要求你的老闆為你加薪

- 家庭團聚時

- 法律訴訟

- 約某人外出

- 和朋友商量看什麼電影

- 讓某人承認錯誤

- 讓某人告訴你，你是錯的

- 公開演講

- 開車

- 假期與朋友相聚

- 遊戲和約會

- 開學第一天帶孩子上學

- 開家長會

（一）評定你的 IPE 指數

在檢視你目前的 IPE 之前，讓我們先來看看你的人際效能是如何形成的，其背後的基礎有哪些。

你的父母是如何為你示範做人需要平等互惠的道理？ _____

_____

_____

_____

當你提出要求或者試著要溝通你的需求時，你的家庭是如何回應你的？ __

_____

_____

_____

在你成長的過程中，你曾被鼓勵要表達你的需求嗎？如果是，你是如何被鼓勵？如果不是，為什麼是這種狀況？ _____

_____

_____

_____

在你的童年時期，你是如何讓別人認真地看待你的問題、需求或感受？ __

_____

_____

_____

當下你如何讓別人認真地看待你的問題、需求或感受？ _____

_____

Don't Let Your
EMOTIONS
Run Your Life

＿＿＿＿＿＿＿＿＿＿＿＿＿＿＿＿＿＿＿＿＿＿＿＿＿＿＿＿

＿＿＿＿＿＿＿＿＿＿＿＿＿＿＿＿＿＿＿＿＿＿＿＿＿＿＿＿

有的時候，你的情緒如何阻礙你表達你的需求？＿＿＿＿＿＿＿＿

＿＿＿＿＿＿＿＿＿＿＿＿＿＿＿＿＿＿＿＿＿＿＿＿＿＿＿＿

＿＿＿＿＿＿＿＿＿＿＿＿＿＿＿＿＿＿＿＿＿＿＿＿＿＿＿＿

＿＿＿＿＿＿＿＿＿＿＿＿＿＿＿＿＿＿＿＿＿＿＿＿＿＿＿＿

當你被拒絕，或者一直在忍耐別人負面的回答時，你認為自己是有技巧地接受嗎？＿＿＿＿＿＿＿＿＿＿＿＿＿＿＿＿＿＿＿＿＿＿＿＿＿＿＿＿

＿＿＿＿＿＿＿＿＿＿＿＿＿＿＿＿＿＿＿＿＿＿＿＿＿＿＿＿

＿＿＿＿＿＿＿＿＿＿＿＿＿＿＿＿＿＿＿＿＿＿＿＿＿＿＿＿

＿＿＿＿＿＿＿＿＿＿＿＿＿＿＿＿＿＿＿＿＿＿＿＿＿＿＿＿

如果現在的你比過去更精通於人際效能技巧，你會將這個進步歸功於什麼因素？＿＿＿＿＿＿＿＿＿＿＿＿＿＿＿＿＿＿＿＿＿＿＿＿＿＿＿＿

＿＿＿＿＿＿＿＿＿＿＿＿＿＿＿＿＿＿＿＿＿＿＿＿＿＿＿＿

＿＿＿＿＿＿＿＿＿＿＿＿＿＿＿＿＿＿＿＿＿＿＿＿＿＿＿＿

＿＿＿＿＿＿＿＿＿＿＿＿＿＿＿＿＿＿＿＿＿＿＿＿＿＿＿＿

當你表達你的需求或感受時，你的配偶或伴侶似乎會認真地考慮嗎？你是怎麼知道的？＿＿＿＿＿＿＿＿＿＿＿＿＿＿＿＿＿＿＿＿＿＿＿＿＿＿＿＿

＿＿＿＿＿＿＿＿＿＿＿＿＿＿＿＿＿＿＿＿＿＿＿＿＿＿＿＿

＿＿＿＿＿＿＿＿＿＿＿＿＿＿＿＿＿＿＿＿＿＿＿＿＿＿＿＿

＿＿＿＿＿＿＿＿＿＿＿＿＿＿＿＿＿＿＿＿＿＿＿＿＿＿＿＿

你怎麼讓你的朋友或家人知道你是認真地看待他們的需求與感受？＿＿＿＿＿

_____

_____

_____

（二）你個人的 IPE 清單

讓我們從你如何察覺你自己的人際資源與技巧開始。看一看以下的敘述，瞭解你認為你目前處理人際資源與技巧的程度，然後花點時間仔細思考為什麼你擁有或缺乏那些資源與技巧。

- 我非常熟練地對於我想要的事物提出要求
- 在生活中，我有可以尋求協助的人
- 我是個「好好先生」或「好好女士」
- 我不知道如何尋求協助
- 當人們拒絕我時，表示他們不喜歡我
- 拒絕別人的請求對我來說是困難的
- 我太常答應別人，以至於我什麼事都不能做
- 其他人真的一點都不想幫助我
- 我很少幫助朋友與家人
- 當某人只要拒絕我一次，就表示他們再也不會答應我了
- 當我想要拒絕別人的時候，我會編造各種藉口以免直接說「不」
- 我可以忍受並且接受別人拒絕我的請求
- 當別人拒絕我的時候，我深深受到傷害
- 想到要向他人尋求協助，我覺得很苦惱

現在，在以上你所同意的每個敘述中，試著想出至少三個具體的例子或情境。即使你感覺某個陳述真實符合你的情況，但你發現你很難想出三個例子或處境來證實，那麼問問你自己：你的信念是什麼？

Don't Let Your
EMOTIONS
Run Your Life

二 運用人際效能技巧

在人際關係中最普偏的狀況之一就是一個人需要別人來滿足你的需求。這也是最棘手的事情之一。當你尋求他人的協助或贊同，以及你拒絕別人的請求時（這通常比較難），你會有許多你必須考慮的因素。對你來說，要提出要求有多難？當你必須拒絕時，說出「不」字，又有多麼困難？在你與他人協商的過程中，有哪些考量是你沒有說出來的？而這些考量對你又有多麼重要？

運用 IPE 需要你小心翼翼地考慮，不管是你提出請求，或有人對你提出請求，這中間牽涉到許多重要的人際要素。這些要素包括優先順序、能力、時機、事前準備、權力、權利、互惠平等、長短期的問題，以及尊重等等。

在以下的表格裡，我列出了在每個要素之下，你應該問問自己的問題。多加練習，假以時日，這些問題會成為你的習慣，幫助你在分析情境時變得又快又順利。

1. 優先順序

- 我的目標非常重要嗎？
- 我與這個人的關係是容易被破壞的、容易受傷的，或者是脆弱的嗎？
- 我的自尊是我所考量的嗎？
- 如果我拒絕這個請求，我的自尊會受損嗎？

2. 能力

- 對方有能力給予我想要的嗎？
- 我能給予對方想要的嗎？

3. **時機**

- 對方有傾聽我訴說的心情嗎？
- 這是一個對方可能答應我請求的時機嗎？
- 這是不是一個適合我拒絕的時機？

4. **事前準備**

- 我對於我所提出請求的人或情況瞭解得夠多嗎？
- 對於這個請求，我已經擁有所有我需要的資訊嗎？
- 我清楚我的需求嗎？
- 別人的要求清楚嗎？
- 我知道我在答應他人，或者承諾別人什麼事情嗎？

5. **權力**

- 這個人有權力對我提出要求嗎？
- 我有權力要求這個人去做一些事情嗎？

6. **權利**

- 答應這個請求會侵犯我的權利嗎？
- 拒絕這個請求將會侵犯這個人的權利嗎？

7. **互惠平等**

- 我曾為對方做出與我的要求同等的付出嗎？
- 對方曾為我做出與他的要求同等的付出嗎？

8. **長短期的問題**

- 現在放棄我的請求會造成未來長期的問題嗎？
- 拒絕他人的要求會導致未來的問題嗎？

Don't Let Your
EMOTIONS
Run Your Life

9. 尊重

- 我通常會為自己做一些事情嗎？

- 我會盡量避免表現出自己的無助嗎？

- 拒絕別人會增加我對自己不好的看法嗎？

如果以上這個練習對你來說似乎平淡無奇。恭喜你！你已經擁有良好的基礎可以掌握以及應付他人與請求的細微之處。但對我們大部分的人而言，甚至在親密關係中，彼此的互助有時候像謎一樣不可思議。同時對許多人來說，與人協商的每一個面向——你必須尋求協助、你被迫答應、你強迫自己拒絕——這些都是有壓力的。冷靜地分析種種要素，將有助於我們在答應與拒絕別人之間，做出極重要的決定。

三 內觀自己與他人的互動

如果你運用以上敘述所分析的 IPE 技巧，你會做出聰明的抉擇。如果加上你已經學過的內觀技巧，你將會做出更為明智的決定。

1. 觀察與描述情況

對著自己描述他人正在說什麼以及正在做什麼。只要用言詞形容正在發生的事，你不需要發表長篇大論，或是讓你的思緒漫無目的地猜想。以言詞描述你認為你所知道的情況或他人的動機。例如「我注意到 Barb 要我把馬桶蓋放下來……我注意到我感到緊張焦慮……我注意到我有著『我希望這不會是個問題』的想法」。這個想法截然不同於「那個囉唆的 Barb，她就只會抱怨別人不放下那討人厭的馬桶蓋」的想法。

2. 採取沒有偏見的立場

留意你對他人動機的判斷與假設，放下這些預設想法。特別留意自己，慈悲地對待其他人與你自己，寬以待人待己是你努力的目標之一。記

住你的判斷與假設通常是有條件因應情境的反應,那並不能夠精確地反映當時的狀況,有時候那反而會造成你情緒上的痛苦。設法去解決、瞭解並且接受狀況,而不要去評斷情況。

看看 Jenny 的例子

在我們的配偶治療過程中,Jenny 常常以言詞攻擊她的另一半,而 John 蜷曲著身體安靜坐著,臉上帶著微微的痛苦表情。Jenny 總是喋喋不休地背誦著一連串對 John 的抱怨,然後停一下,看了一眼 John 說道:「你現在知道我跟什麼人住在一起了吧?你能瞭解他有多被動嗎?他就只是不在乎,他從來都不在乎。」

在治療的末期,我們確認了他們的關係中有一種模式。Jenny 非常有主見,對 John 來說她太有主見了,以至於 John 寧願不要冒險去表達自己的意見,因而表現得非常退縮。他表示不管他說什麼和做什麼都不重要,她從來就不會開心,因為她將他在家中所有的努力都視為不及格,他怎麼做都不夠好。

Jenny 願意開始去檢核她對 John 行為的假定。例如當 John 沉默不願表示意見時,她假定是他不想說話。結果她也沒有給 John 時間,等待他的回答,在 John 開口之前,她又照本宣科再說一遍。而 John 只是不知道 Jenny 跟他討論的時侯,他要說些什麼,他並不想對她的情緒火上加油,他也不要讓自己的情緒被激起。這對 Jenny 來說是個新鮮的事。每次 Jenny 在告訴 John 他為什麼是這樣時(比如說,你沉默不說話是因為你不關心我),她必須要求 John 去確認或否認她對他的動機之假定是否正確。結果是她幾乎都是錯的,同時她也開始瞭解她的假定是如何影響她對 John 的情緒反應。

我們一起努力讓 Jenny 學會等待 John 的反應,以及釋放舊有且不正確的假定。而 John 也努力以 Jenny 所能感受到的方式來回應她。他們努力建立彼此都能接受的共識,讓彼此更親密,並且以新的技巧檢核他們對彼此的假定,因此他們彼此對於需要克服的阻礙也就少一些。

3. 停留在當下

不要突然或沒有預告地結束討論。不要讓你的心思焦慮著這個討論結果將會對你多糟。全神專注於這個情況與對方之中，一直到你的自我意識消失。不要找藉口離開、脫離或結束這個討論與情境。在你所在之處，你都要能夠全神貫注。

4. 保持樂意

在討論的過程中保持樂意及開放的態度，即使這是很難做到的。尊重他人將有助於你與他人的連結。

特別讓你敏感的人

每個人的生活中，至少會和一個人的關係是麻煩、脆弱、容易心煩，或者是特別敏感的。生活中我們或多或少都會有一些這樣的人。接下來，試著列出你與這些人的人際關係之間的要素。有多少人，就影印多少張表格。

四 應付難以相處的人

你在這些表格所列出的人當中，選出那些不只是容易讓你受傷，而且特別是在你身邊，你覺得難以相處並且想要「避開」的人。這些人也許對你或其他人表現得十分苛刻、粗魯無禮，或令人羞愧。一旦接近他們，你會發現自己變得非常緊張、忿恨或害怕。這些人有可能是你家庭成員，你必須在家庭聚會中遇見他們。又或者他們是你的工作夥伴，上班時，你不可能完全避開他們。任何一種情況，身處在他們周圍的你都會非常痛苦。

如果你發現自己處在這種情境之中，考慮運用下面的練習來幫助你改變你對這些人的情緒反應，以增加你的容忍力。

特別難相處的人

名字：＿＿＿＿＿＿＿＿＿＿＿＿＿＿＿＿＿＿＿＿＿＿＿

描述你跟這個人的關係：＿＿＿＿＿＿＿＿＿＿＿＿＿＿＿

＿＿＿＿＿＿＿＿＿＿＿＿＿＿＿＿＿＿＿＿＿＿＿＿＿＿＿

＿＿＿＿＿＿＿＿＿＿＿＿＿＿＿＿＿＿＿＿＿＿＿＿＿＿＿

描述這個關係的特性：＿＿＿＿＿＿＿＿＿＿＿＿＿＿＿＿＿

＿＿＿＿＿＿＿＿＿＿＿＿＿＿＿＿＿＿＿＿＿＿＿＿＿＿＿

＿＿＿＿＿＿＿＿＿＿＿＿＿＿＿＿＿＿＿＿＿＿＿＿＿＿＿

為什麼你認為你特別容易在這個關係中受到傷害？＿＿＿＿＿

＿＿＿＿＿＿＿＿＿＿＿＿＿＿＿＿＿＿＿＿＿＿＿＿＿＿＿

＿＿＿＿＿＿＿＿＿＿＿＿＿＿＿＿＿＿＿＿＿＿＿＿＿＿＿

描述你希望如何改善這個關係：＿＿＿＿＿＿＿＿＿＿＿＿＿

＿＿＿＿＿＿＿＿＿＿＿＿＿＿＿＿＿＿＿＿＿＿＿＿＿＿＿

＿＿＿＿＿＿＿＿＿＿＿＿＿＿＿＿＿＿＿＿＿＿＿＿＿＿＿

列出改善你和這個人的關係可能會遇到的阻礙：＿＿＿＿＿＿

＿＿＿＿＿＿＿＿＿＿＿＿＿＿＿＿＿＿＿＿＿＿＿＿＿＿＿

＿＿＿＿＿＿＿＿＿＿＿＿＿＿＿＿＿＿＿＿＿＿＿＿＿＿＿

　　當你會使用「令人反感」來形容你身邊的某個人時，我的意思是這個人已經變成你極想逃避的人。你甚至會發現自己判定他們是令人討厭、令人反感、或者令人作嘔的。你可能會發覺自己討厭他們，他們本應被你看輕。然而當你開始去改變對這個人的情緒時，你就要努力避免你心中出現這些想法。這個概念是為了解除你那些不必要的情緒痛苦，並且朝向有效

的方式，讓你不必承擔那些來自強烈負向情緒的壓力。這個方法的目的在減少情緒痛苦，同時你必須記住，你的目的不在於改變別人，你正在努力改變的是你自己。

在以下的練習中，請列出五個你覺得最難以相處與讓你反感的人。選擇一些你會固定接觸的對象，次數是每天、每週或是至少每個月。不要選那些一年只見一次的人（雖然我希望你也能將練習延伸到與那些人的互動上），你需要固定並且持續練習，那也就是為什麼我極力主張你現在設定的目標情境是針對那些你目前正窮於應付、難以相處的人。讓我們從列出難以相處的人開始，這會促使你想一想誰是你認為難以相處的人，以及為什麼他們對你來說是難以相處的。

列出五個難以相處的人

1 名字：_____

困難程度（0-5）：_____

你與此人互動的情形：_____

描述你在此人身旁的感受：_____

_____

描述你對此人的評斷：_____

_____

描述目前你與此人的應對之道：_____

_____

2 名字：＿＿＿＿＿＿＿＿＿＿＿＿＿＿＿＿＿＿＿＿＿＿

困難程度（0-5）：＿＿＿

你與此人互動的情形：＿＿＿＿＿＿＿＿＿＿＿＿＿＿＿

描述你在此人身旁的感受：＿＿＿＿＿＿＿＿＿＿＿＿

＿＿＿＿＿＿＿＿＿＿＿＿＿＿＿＿＿＿＿＿＿＿＿＿＿＿

描述你對此人的評斷：＿＿＿＿＿＿＿＿＿＿＿＿＿＿＿

＿＿＿＿＿＿＿＿＿＿＿＿＿＿＿＿＿＿＿＿＿＿＿＿＿＿

描述目前你與此人的應對之道：＿＿＿＿＿＿＿＿＿＿

＿＿＿＿＿＿＿＿＿＿＿＿＿＿＿＿＿＿＿＿＿＿＿＿＿＿

3 名字：＿＿＿＿＿＿＿＿＿＿＿＿＿＿＿＿＿＿＿＿＿＿

困難程度（0-5）：＿＿＿

你與此人互動的情形：＿＿＿＿＿＿＿＿＿＿＿＿＿＿＿

描述你在此人身旁的感受：＿＿＿＿＿＿＿＿＿＿＿＿

＿＿＿＿＿＿＿＿＿＿＿＿＿＿＿＿＿＿＿＿＿＿＿＿＿＿

描述你對此人的評斷：＿＿＿＿＿＿＿＿＿＿＿＿＿＿＿

＿＿＿＿＿＿＿＿＿＿＿＿＿＿＿＿＿＿＿＿＿＿＿＿＿＿

描述目前你與此人的應對之道：＿＿＿＿＿＿＿＿＿＿

＿＿＿＿＿＿＿＿＿＿＿＿＿＿＿＿＿＿＿＿＿＿＿＿＿＿

4 名字：＿＿＿＿＿＿＿＿＿＿＿＿＿＿＿＿＿＿＿＿＿＿

困難程度（0-5）：＿＿＿

你與此人互動的情形：＿＿＿＿＿＿＿＿＿＿＿＿＿＿＿

Don't Let Your
EMOTIONS
Run Your Life

描述你在此人身旁的感受：_____

_____

描述你對此人的評斷：_____

_____

描述目前你與此人的應對之道：_____

_____

5 名字：_____

困難程度（0-5）：_____

你與此人互動的情形：_____

描述你在此人身旁的感受：_____

_____

描述你對此人的評斷：_____

_____

描述目前你與此人的應對之道：_____

_____

　　列出了前五位你認為與你難以相處的人的名單，現在是你承諾將以全新、有技巧的方式去努力面對這些難以相處的人的時候了。

　　先為那些潛在的阻礙做好心理準備，包括你可能會經歷強烈痛苦的情緒、焦慮的想法，或是沒有能力去改變和處理這些情況的想法。你必須在面對與你難以相處的人之前先做好準備，一旦你面對他們的一刹那，你就必須下定決心練習你所學到的新技巧，打鐵趁熱。這就是改變真正會發生之處。不要期待你會在一夜之間改變你對這些人的反應方式。你必須一再

地努力練習，改變才會緩慢地出現。但是只要你堅持下去，你會體驗到這些改變，同時我相信你會對這個體驗感到相當興奮。

我再給你一個警告。這裡所說的改變不是從害怕或者嫌惡一個人到喜歡上這個人。如果真是如此，那就更好了。對於初學者而言，你練習的目的應該是減少你所感受到負向情緒的程度。

五　練習情境暴露療法

接下來你即將練習的是類似「情境暴露療法」（exposure therapy）的技巧，用來練習正面面對你所害怕或逃避的事物或情境，例如，懼高、蛇、貓、飛行等等，直到你對這些事物的焦慮已經被減弱或消失。在我們的練習中，你將會暴露在與你難以相處的人的處境中，專注於呼吸，並且採取相反的行為。當你一再面對你的恐懼，你就會愈來愈不被它們傷害（順便一提，倘若你發現任何的困難，那是很正常的。如果這件事是容易的，那麼我們早就學會這麼做了）。

這裡有一些情境暴露的方法，以及你該如何練習的技巧：

1.　觀察與描述

觀察與描述他人的行為，簡要地陳述你實際所見所聞。放下你的假定或任何你以為瞭解這個人以及他的動機與想法，只要忠於事實。例如「我觀察到那個人正在大聲說話」，以及「我注意到這個人說話很大聲」。你也可以使用你的觀察與描述技能去察覺自己的想法。只要注意你心中出現的這些想法，不要銘記於心或是努力排除它們。「我注意到我有著希望不必和這個人共事的想法」或者「我觀察到我有希望這個人死掉的想法」。當你有這些想法時，去瞭解它們，不要用這些想法來評斷自己的對錯，只要單純地注意到你有這些想法就可以了。

Don't Let Your
EMOTIONS
Run Your Life

2. 內觀情緒

察覺你現在的感受——害怕、生氣、羞愧等。不要去評斷你的情緒，只要敘述它們，為它們命名。察覺你的每一種情緒，只要仔細地體驗，並且放下像是「我不能忍受這個」或者「我是個無用之人」的想法。

3. 相反的行為

主動吸引他們的注意力，而不是逃避他們。拋棄過去你和他們說話的方式，有自信而且表現與你當時情緒相反的行為。如果你正在生氣，那就帶著微笑溫和地接近這個人，問候他們的家人最近好不好。如果這已經超出你目前所能忍受的範圍，你必須要走開，就小心謹慎地躲開這個人，並且瞭解到這是你經過思考的選擇，而不是出於未經思考的衝動。

4. 呼吸

當你注意到你的情緒愈來愈強烈時，記得做個深呼吸，呼吸可以幫助你集中精神，以及讓你在生理上得到放鬆，它將幫助你更有效地忍受你所處的情境。即使情境變得困難，但也不會令人完全無法忍受。隨著時間過去，你的身體與頭腦會開始創造與這個難以相處的人接近時新的連結方式，呼吸就是一種如何運用理智以及與你的情緒合作的方法。

5. 不評斷的態度

放下你對這個難以相處的人的批評。這些批評最終只會傷害你，不會改變你或這個人。努力以新的觀點看待這個人，看看你的感受是如何。練習觀察與描述他們的外觀，確實地練習，注意他們的體型、眼睛與頭髮的顏色。忠於事實，並且瞭解你是否可以對這個人有著嶄新的觀感。

為你生活中每個難以相處的人影印一份下列的練習單，記錄你們的互動。幾天或幾週過後，重讀你列出的事項，做做筆記，看看有沒有任何的改變？

Don't Let Your
EMOTIONS
Run Your Life

應付難以相處的人

難以相處之人的姓名： _____

困難程度（0-5）：____

預計困難的程度（0-100）：____

你預計使用的技巧：

- 觀察與描述
- 內觀情緒
- 表現相反的行為（主動吸引那個人）
- 做個深呼吸
- 以不評斷的態度對待難以相處的人
- 表現自信
- 表現出你的自尊
- 挫折容忍力

你與此人互動的情形：_____

描述當時的情境：_____

_____

_____

描述你在此人身旁所感受到的情緒：_____

_____

_____

描述你所使用的技能（表現相反的行為、做個深呼吸、內觀情緒）：____

_____

Don't Let Your
EMOTIONS
Run Your Life

_____

_____

評估實際處境的困難度（0-100）：____

評估你的效能（0-100）：____

在下次互動時，你計畫做什麼，以及你的練習要如何改進：_____

_____

_____

_____

　　當你與他人互動時，努力去察覺你從過去經驗中所學到的假定，以及伴隨你至今的思考習慣。你的假定也許會、也許不會真實地反映現實與真相，所以只要練習去察覺你當下正在思考的內容。

六 好人付出的快速記憶法

　　人際效能訓練有三個主要的目標：

1. 目標效能：得到你想要的

2. 關係效能：建立與維持關係

3. 自尊效能：如何對自己感覺不錯

　　Marsha Linehan 在她的技能訓練手冊（1993b）中提供一個記憶策略，協助人們記住這三個技能：好人付出的快速（DEAR MAN GIVE FAST），D-E-A-R M-A-N 是第一個部分，條列出那些讓你能夠得到你所需的相關因素。其次，G-I-V-E 專注於人際關係之中。第三部分則為 F-A-S-T，主要是處理你的自尊心。

（一）好人（DEAR MAN）：得到我想要的

在每種情境之中，我們都必須與他人溝通我們所想要的東西或目標。將你的情緒與環境連結起來，這意謂著我們必須向朋友、家人、老師與雇主提出要求。有時候你也許得不到你想要的，因為你的強烈情緒從中阻擾；有時候是你所處的環境並沒有對你的努力有所回應。甚至是那些最有技巧的人也總是得不到他們所想要的。以下的技巧能夠幫助你接受那些你提出請求卻被拒絕的情境。

試著努力得到你的請求，使用 D-E-A-R M-A-N 技巧，其要訣如下：

1. D 描述（**Describe**）

和對方溝通時，描述你的請求，並且盡可能說清楚，讓對方能夠瞭解你的需求。使用準確與敘述性的描述，讓對方完全清楚地瞭解你的請求。

2. E 表達（**Express**）

如果你的表情豐富，別擔心。即使你正在努力管理你的情緒，都並不等同於你要表現出冷漠無情。使用適合的臉部表情、姿態和語調來表達你的請求與其重要性。你能回想起那些印象中模糊不清、說話聲音單調而且面無表情的老師或教授嗎？現在將他們和那些輕輕揮動雙手、表情豐富的教授比較看看，現在你明白溝通時，表情豐富的好理由了，你會想要為自己的請求在對方心中留下深刻的印象。

3. A 堅定（**Assert**）

態度堅定地就事論事。不要使用具有攻擊性或消極性的言詞來表達你的請求。同時不要威脅對方或是發脾氣。

4. R 增強（**Reinforce**）

確認對方知道為什麼他們應該答應你的請求。如果適當的話，告訴他

Don't Let Your
EMOTIONS
Run Your Life

們這對你、對他們，以及對你們之間的關係，都會有正面的結果。使用像這樣的敘述「這件事意義重大，如果你能……」、「如果你答應我的請求，我將會深深地感激你」。或是，在某些特例中，你可以這麼說，「如果你這麼做，我願意幫你洗一個月的車子」，努力讓對方樂意地答應你的請求。但是不要對他人提出那些你無法實現的事情。別忘了要保持真誠與信用。

5. M 保持內觀（Stay Mindful）

專心提出你的請求。把眼光放在你想得到的目標上，不要分心，或是讓焦慮的想法以及其他人來迷惑你。如果他們因為你提出的請求而攻擊你，忽略這些言語的攻擊，繼續提出你的請求。如果你讓自己捲入對方的攻擊或羞辱之中而反應過度，你將會更容易受到傷害。而且如果你埋首致力於無效行為，可能會模糊焦點，破壞了你想要的理性討論，或者給他人藉口不想去面對一個失控的「瘋子」。不要進行報復，你反而要練習與其相反的行為，試著深呼吸或是完全接納你所處的情境。

6. A 表現自信（Appear confident）

在你提出請求時，挺直站好而且與對方保持眼神接觸。不要結巴或退縮，把自己視為有自信和有能力的商人剛剛成交了一筆大買賣，或是一個成功的協商者。人們會更認真地看待你，至少你表現出你對自己的信心。將這個與自我認可的練習緊密結合，因為你的需求和意願都是認真的。

7. N 協商（Negotiate）

在不需要妥協你的價值觀的情況下，考慮中庸、「夠好」的解決之道。努力尊重他人的限度。有技巧的協商將有助於你在未來得到更多你想要的，因為你能夠證明對他人限度的尊重，同時你表現得通情達理，這可是一項增進你未來影響力的迷人特質。

（二）付出（**GIVE**）：專注於人際關係

G-I-V-E 技巧有助於增強你和他人之間的連結。

1. G 和善〔**(Be) G**entle〕

和善地對待他人。有時候當人們情緒高漲、感覺受傷的時候，他們會變成令人討厭的人，這只會讓你們之間的鴻溝加深。你若展現出和善的態度，則會改變你們之間互動的氣氛。

2. I 表現興致〔**(Act) I**nterested〕

真正地傾聽對方，讓對方能夠感受到你在關心他們。你不只是真正瞭解他們的立場，你也要更熱衷且樂意地參與你們之間的討論。

3. V 肯定〔**V**alidate〕

肯定對方所表示或傳達的觀點，包括他們的情緒感受。你可以使用像這樣的陳述「我瞭解你在生氣，我聽見你說你對我的行為感到失望」。

4. E 放輕鬆〔**(Use an) E**asy manner〕

盡量做到圓融與放輕鬆。放下你的緊張、憤怒與盛怒，以及你的評斷，如 Linehan 所寫的，「柔性推銷」和「強迫推銷」是不同的（1993b，82）。她建議與對方輕鬆地談天說笑，包括使用幽默、微笑和安慰技巧。這比強迫或者語言攻擊好多了，而且更有效。

（三）快速（**FAST**）：專注於你的自尊

最後，盡量使用你的 F-A-S-T 技巧。

1. F 公正的〔**(Be) F**air〕

要怎麼收穫，先怎麼栽。拿人一分，還人一分。如果你沒有報答對

方，可能會損害到你的自尊。別人會注意到你對他們是多麼的公正，所以不要大意。當你努力解決問題時，盡量公正地對待自己和他人。

2. A（不要）過度道歉〔(No) Apologies〕

當你犯錯時要表達歉意。但是，不要過度道歉。不要為了呼吸到他人的空氣而道歉，同時努力不要以可憐或愛抱怨的姿態出現。沒有人想對愛發牢騷的人伸出援手，而且這麼做會損害你的自尊，因為過度認錯會增加自我否定，以及增加你以往對自己、個人的效能，和身為人的價值批評。

3. S 忠於你的價值觀〔Stick to values〕

適時適地表達你在政治、宗教與心理議題上的意見，不要只是為了避免被評價或聽起來愚蠢而保持沉默，讓他人知道你的感受，除非你有必要的理由，否則不要改變你在道德或價值上的想法，小心不要混淆「做事有彈性」與「失去你的正直」之間的界線，你可以堅持與他人不同的意見，同時仍然在真正寬容的精神中尊重他人與被他人尊重。

4. T 真誠的〔(Be) Truthful〕

根據你的能力來做人處事。告訴他人你的需要或是你想要的東西。如果你扭曲事實，例如為了不傷害他人的感受而說一些善意的謊言。你要很清楚知道你正在做什麼，而且小心謹慎地行事，不至於做得太過分。

Don't Let Your
EMOTIONS
Run Your Life

七 IPE 練習單

　　給自己一個星期，好好練習這些技巧。不要等到你有重要的協商情境時才使用它們。在平常的人際互動中就試著使用這些技巧。找一些朋友或熟人和你一起練習角色扮演。小小的預演有助於你充分做好準備，以便於在面臨真正麻煩的處境時，你能使用這些 IPE 技巧。運用下面的練習單來協助你的練習。

　　在你練習 IPE 技巧時，在相對的空格中圈出你所練習的技巧。最後的空格則是評量你所練習技巧的效能（0 ＝無效，1 ＝稍微有效，2 ＝輕度有效，3 ＝有效，4 ＝很有效，5 ＝非常有效）。

<table>
<tr><th colspan="5">IPE 練習日誌（範例）</th></tr>
<tr><th>日期</th><th>目標</th><th>關係</th><th>自尊</th><th>效能</th></tr>
<tr><td>星期一</td><td>DEAR MAN</td><td>GIVE</td><td>FAST</td><td>2</td></tr>
<tr><td>星期二</td><td>(DEAR MAN)</td><td>(GIVE)</td><td>(FAST)</td><td>4</td></tr>
<tr><td>星期三</td><td>DEAR MAN</td><td>(GIVE)</td><td>(FAST)</td><td>0</td></tr>
<tr><td>星期四</td><td>DEAR MAN</td><td>(GIVE)</td><td>(FAST)</td><td>2</td></tr>
<tr><td>星期五</td><td>(DEAR MAN)</td><td>(GIVE)</td><td>(FAST)</td><td>5</td></tr>
<tr><td>星期六</td><td>(DEAR MAN)</td><td>(GIVE)</td><td>FAST</td><td>4</td></tr>
<tr><td>星期日</td><td>DEAR MAN</td><td>GIVE</td><td>(FAST)</td><td>2</td></tr>
<tr><td colspan="5">備註：在自尊效能上做更多的練習。</td></tr>
<tr><td colspan="5">效能評分：（0 ＝無效，1 ＝稍微有效，2 ＝輕度有效，3 ＝有效，4 ＝很有效，5 ＝非常有效）</td></tr>
</table>

IPE 練習日誌

日期	目標	關係	自尊	效能
星期一	DEAR MAN	GIVE	FAST	
星期二	DEAR MAN	GIVE	FAST	
星期三	DEAR MAN	GIVE	FAST	
星期四	DEAR MAN	GIVE	FAST	
星期五	DEAR MAN	GIVE	FAST	
星期六	DEAR MAN	GIVE	FAST	
星期日	DEAR MAN	GIVE	FAST	
備註：				
效能評分：（0 ＝無效，1 ＝稍微有效，2 ＝輕度有效，3 ＝有效，4 ＝很有效，5 ＝非常有效）				

評估你的 IPE 練習

　　現在你練習了一個星期的 IPE 技巧。繼續練習，直到它們成為你的第二天性。回答以下的問題來回顧你的經驗，注意到什麼技巧對你來說是簡單可行的，而哪些又是你必須努力加強練習的。

對你而言，那一組 IPE 技巧是最自然的？＿＿＿＿＿＿＿＿＿＿＿

＿＿＿＿＿＿＿＿＿＿＿＿＿＿＿＿＿＿＿＿＿＿＿＿＿＿＿＿＿＿

＿＿＿＿＿＿＿＿＿＿＿＿＿＿＿＿＿＿＿＿＿＿＿＿＿＿＿＿＿＿

哪一組 IPE 技巧你覺得最難以實行？_____

_____

_____

描述你練習這些技巧的情況：_____

_____

_____

描述你和朋友在開始練習之前的預演：_____

_____

_____

描述你在練習這些技巧時的感受：_____

_____

_____

描述所有在你練習 IPE 技巧時出現的阻礙，你又是如何排除它們：___

_____

_____

描述你對於繼續練習 IPE 技巧的計畫，包括哪些情境是（工作、學校、家庭、咖啡館）你可以應用這些技巧的？_____

_____

_____

CHAPTER

親密關係技巧

上一章我們討論了一般的人際關係技巧。本章我們將焦點放在親密關係上，通常親密關係指的是你與伴侶或配偶之間的關係（為了節省空間，我會使用「伴侶」或「另一半」來泛稱與你擁有親密關係的人，不管對方形式上的地位為何）。

當你努力與他人建立關係時，若是你與對方的思考模式出現了兩極化，那麼你的努力可能會白費。藉由以下這些想法的特色，辨識出你是否具有兩極化的思考模式：

- 只能二選一
- 全有或全無
- 我與他們
- 任性的（過度掌控或被動）

你之所以有兩極化的思考，模式形成的原因有許多，它可能是由來已久的老習慣。強烈的情緒通常會觸發舊有且衝動的習慣，甚至是思考習慣。情況也許是對方可能採取兩極化的思考與爭辯方式。兩極化的思考模式會造成一些親密關係上的紛爭，在這個紛爭之中，你只能贏，而對方只能輸。一旦你與對方的討論變成一種爭執，不但不能解決手邊的問題，對

於維持你們的關係也不會有任何好處。

與「兩極化」思考相比,「辯證式」思考具有以下這些特性:

- 雙方兼顧
- 問自己「我是不是還遺漏了什麼?」
- 我與你(我們)
- 樂意的(開放且具有參與感的關係)

兩極化與辯證式思考(範例)

這裡有一個常見的例子,純粹是因為兩極化思考讓關係衝突惡化。

1 關係衝突點

我不喜歡 Sally 花這麼多的錢在衣服和髮型設計上。Sally 說打扮自己是工作所需,但是一個月血拼好幾次,那些花費實在是太多了。當我和 Sally 談到這個問題時,她的態度馬上變得防衛起來。

2 我們的危機是什麼?

每個月當我們要付貸款和帳單的時候,我會覺得我們花太多錢在她的購物癮上。 但是 Sally 否認她的購物行為是出於一時衝動,而且她堅信自己需要專業的護髮以及上班和社交用的鞋子等等,她的外表必須要亮麗。

3 我對衝突的感受

我很生氣,因為我覺得她沒有好好聽我說話。我只是要她能夠認真地看待我們的財務狀況。我賺的錢比她多,我只想要她知道我多麼辛苦地工作以賺取那些她用來購買鞋子的錢。有時候對於我們無法取得共識,我感到憤怒。

4 我的配偶／伴侶對於衝突的感受（暗示和明示）

每當我抱怨她浪費錢的時候，我知道她會難過地落淚。我提高嗓門，她也提高嗓門，所以有時候她似乎也很生氣。她說我不重視她為了工作與努力讓自己看起來更有魅力，而我一點也不想要她這麼做。

5 存在於我們的衝突之中兩極化的思考

- 二選一

  我們之間似乎有一些想法只能二選一，就像她要不是毫無節制地把錢花費在她想要的時尚之中，要不就是她完全不能在這些事情上花費一毛錢。

- 全有或全無

  我不知道 Sally 的心裡怎麼想，但我曾思考過她可不可以把錢花在打扮自己這件事，我的兩極化思考是如果一旦允許她可以這麼做，那麼她便會過度花費。

兩極化與辯證的練習

現在讓我們將上述的分析運用於你自己的關係衝突之中。仔細想想，在你的親密關係中出現過的衝突，以同樣的方式加以分析，並且注意其中的差異性。一旦你辨識出你有兩極化的思考模式，你便已經邁出超越它的第一步，想一想你是否能利用辯證式思考來解決這些衝突。使用下列的練習表，提醒自己將辯證式思考帶入關係的平衡中。

關係的衝突：＿＿＿＿＿＿＿＿＿＿＿＿＿＿＿＿＿＿＿＿＿＿＿＿

＿＿＿＿＿＿＿＿＿＿＿＿＿＿＿＿＿＿＿＿＿＿＿＿＿＿＿＿＿＿＿＿＿

＿＿＿＿＿＿＿＿＿＿＿＿＿＿＿＿＿＿＿＿＿＿＿＿＿＿＿＿＿＿＿＿＿

Don't Let Your
EMOTIONS
Run Your Life

我們的危機是什麼？_____

_____

_____

_____

我對衝突的感受：_____

_____

_____

_____

我的伴侶對於衝突的感受（暗示與明示）：_____

_____

_____

_____

存在於我們衝突之中的兩極化思考：

● 二選一

_____

_____

● 全有或全無

_____

_____

● 我或你

_____

_____

● 意願（過度操控或過度被動）

_____

_____

在衝突中，如何適用辯證式思考：

● 二者兼顧

_____

_____

● 問自己「我是不是還遺漏了什麼？」

_____

_____

● 我和你（我們）

_____

_____

● 意願（分享的、相互的、開放的）

_____

_____

結果是什麼？

　　描述你運用辯證式思考法與策略之後的結果。敘述你是否有不同的感受，你們兩人是不是比較能夠相互合作與比較少爭鬥？一般而言，運用這些策略對你是否造成不同？

_____

_____

一 懇求修補親密關係

如果你冒犯了親密的人會怎麼樣？或者是如果他們冒犯了你呢？不管是何種情況，你必須採取行動，那就是「修補關係」。

當你練習注意與肯定你的情緒經驗時，你也要練習肯定你在與那些人相處時有關的情緒。這包括你是如何回應他們，以及他們的行為如何觸發你的情緒（換言之，他們的行為如何「讓」你有所感受），特別是你心中如何揣測他們對待你的方式。

當你冒犯他人，而你必須去道歉與修補關係時，你永遠都會有機會。當然，他人也會冒犯你，這就輪到他們必須來修補關係。不管哪一種情況，這些練習都需要自信。如果你想要維持你與對方的關係，但是目前對方的行為正在威脅你們之間的感情，你必須採取這些步驟：辨識那些出了問題的行為，告訴對方你想要維持這段關係，同時要求他們改變行為使得你們之間的關係得以持續下去。

真正地完成以下這個練習表，想一想，你曾經如何被冒犯？並且敘述你是如何修補（或不修補）這個關係？

修補關係

情境：_____

_____

_____

_____

傷害或冒犯我的行為：_____

_____

_____

_____

Don't Let Your
EMOTIONS
Run Your Life

辨識出那些你覺得被冒犯的具體行為：＿＿＿＿＿＿＿＿＿＿

＿＿＿＿＿＿＿＿＿＿＿＿＿＿＿＿＿＿＿＿＿＿＿＿＿＿＿＿＿＿

＿＿＿＿＿＿＿＿＿＿＿＿＿＿＿＿＿＿＿＿＿＿＿＿＿＿＿＿＿＿

＿＿＿＿＿＿＿＿＿＿＿＿＿＿＿＿＿＿＿＿＿＿＿＿＿＿＿＿＿＿

你相信對方樂意，而且／或者有能力去修補關係嗎？＿＿＿＿＿＿

＿＿＿＿＿＿＿＿＿＿＿＿＿＿＿＿＿＿＿＿＿＿＿＿＿＿＿＿＿＿

＿＿＿＿＿＿＿＿＿＿＿＿＿＿＿＿＿＿＿＿＿＿＿＿＿＿＿＿＿＿

＿＿＿＿＿＿＿＿＿＿＿＿＿＿＿＿＿＿＿＿＿＿＿＿＿＿＿＿＿＿

你預計在請求對方修補關係時會出現什麼障礙（焦慮想法、自我否

定）？＿＿＿＿＿＿＿＿＿＿＿＿＿＿＿＿＿＿＿＿＿＿＿＿＿＿＿

＿＿＿＿＿＿＿＿＿＿＿＿＿＿＿＿＿＿＿＿＿＿＿＿＿＿＿＿＿＿

＿＿＿＿＿＿＿＿＿＿＿＿＿＿＿＿＿＿＿＿＿＿＿＿＿＿＿＿＿＿

後續行動：你要求修補關係的結果是什麼？

描述對方對於你要求修補關係的接受能力：＿＿＿＿＿＿＿＿＿＿

＿＿＿＿＿＿＿＿＿＿＿＿＿＿＿＿＿＿＿＿＿＿＿＿＿＿＿＿＿＿

＿＿＿＿＿＿＿＿＿＿＿＿＿＿＿＿＿＿＿＿＿＿＿＿＿＿＿＿＿＿

＿＿＿＿＿＿＿＿＿＿＿＿＿＿＿＿＿＿＿＿＿＿＿＿＿＿＿＿＿＿

你得到你想要的嗎？或是你必須去協商？＿＿＿＿＿＿＿＿＿＿＿

＿＿＿＿＿＿＿＿＿＿＿＿＿＿＿＿＿＿＿＿＿＿＿＿＿＿＿＿＿＿

＿＿＿＿＿＿＿＿＿＿＿＿＿＿＿＿＿＿＿＿＿＿＿＿＿＿＿＿＿＿

＿＿＿＿＿＿＿＿＿＿＿＿＿＿＿＿＿＿＿＿＿＿＿＿＿＿＿＿＿＿

Don't Let Your
EMOTIONS
Run Your Life

描述這樣的修補關係如何以及為何令人滿意到足以繼續這個關係？＿＿

_____

_____

_____

二 將內觀法帶入親密關係之中

　　讓我們看看如何將內觀法運用於親密關係之中。親密關係中出現衝突常常是因為誤解。誤解常是來自於那些你認為你是對的，或是你相信自己知道對方的動機。又或者根據 Albert Ellis（1994）所提出的「錯誤歸類」（false generalizations）、「不切實際的推論」（unrealistic conclusions），以及「自我挫敗的推論」（self-defeating conclusions），以下讓我針對每種情況，各提出一個例子。

1. 錯誤歸類

　　這是指你認為你所表現出的行為代表著你的為人，你把你所做過的行為（即使只有一次）轉化成你的「為人」。如果你在一大群人面前不小心將咖啡潑在新褲子上，那麼你就是個笨手笨腳的人。如果你開會遲到，那麼你一定是個慢吞吞或是懶惰的人，而且你總是如此。

2. 不切實際的推論

　　這裡指的是你相信自己永遠無法改變那些你不喜歡的行為。例如：「我昨晚吃了一整袋的洋芋片，我永遠都沒有能力控制自己。」

3. 自我挫敗的推論

　　這裡指的是在你努力改變與他人的關係時，反映出對預期結果的一種無望感。它們有點像是「我是個沒有用且懶惰的人，努力改變有什麼用呢？」

你可以發現在親密關係中，你常將這些假定與想法運用於你們的關係之中，特別是那些存在已久、引起你痛苦的行為模式。通常痛苦來自於你沒有從對方那裡得到你想要的（尊重、金錢、保護、上司的讚美等等）。而且如果你僵化地堅守這些信念，你將會發現有些情緒痛苦會更加惡化。你愈堅持，它們影響人際關係上的情緒反應就會愈激烈。

這些僵化、自我挫敗的想法在本質上是沒有辦法辯證的，它們反映出全有或全無的想法。你可以使用辯證推理去挑戰它們。如同 Albert Ellis 所說的，你開始去察覺這些想法是重要的，同時不只是溫和地挑戰它們，更要以一種專注的態度，積極地去駁斥這些信念，以便得到你需要的平衡。

三 婚姻與情緒

John Gottman 和他在 Washington 大學的同事花了很長的時間研究與預測夫妻離婚的因素。婚姻不快樂最後以離婚收場的夫妻似乎都依循著一種模式，Gottman 稱它為「一種導致婚姻破裂的互動、情緒與態度的下降曲線」，他將這四個最重要的要素稱為「四騎士」（The Four Horsemen of the Apocalypse）（Gottman & Silver, 1994; 1999）：

1. 批評（criticism）

2. 輕視（contempt）

3. 防衛（defensiveness）

4. 築牆（stonewalling）──拒絕回答或合作

順便一提，為什麼我將這些技能的分析納入本書之中呢？對於情緒敏感的人而言，一般的 IPE 技巧在大部分的場合都很有效，但是在婚姻或是在許下承諾的關係中所蘊含的情感，與我們在學校和工作的人際關係是不同的，當你直覺地將 IPE 技巧運用於婚姻或親密關係時，你可能需要把它

們調整到稍微不同的頻率，以免那四騎士接近你，那麼你就可以使用修正後的 IPE 技能來修補你的親密關係。

以下的訊息可以幫助你檢視是否有任何問題出現在你的親密關係或婚姻之中，這些概念也適用於那些必須共同扶養孩子的離婚或分居的夫妻關係。當你讀到有關離婚四騎士時，仔細想想在你與配偶的關係中，有沒有出現任何一個「騎士」？想一想你又是如何運用 IPE 技巧去對抗與驅逐這「四騎士」？

1. 批評

根據 Gottman 的說法，「批評」與「抱怨」不同。「抱怨」會提出具體的行為，「批評」則是以責怪或者指控的方式針對另一半的人格特質做出負面的評論。與批評相反，抱怨則是著重在具體和看得見的行為上。

2. 輕視

「輕視」與「批評」相似，但遠遠超越「批評」。「輕視」的意思是在情緒和心理上傷害對方。「輕視」有一點像是暗殺感情的殺手。當你被負面情緒侵襲時，你開始以貶損的方式看待你的另一半。這些想法停留在你腦海中愈久，你就愈難回憶起他們最初吸引你的正面特質。如果你沒有加以制止，再多的善意也會被輕視淹沒。「輕視」對親密關係是十分危險的，因為它損害了你的感情，「輕視」像是一種效力強大的尖酸刻薄、刻意的羞辱，削弱了你們之間的愛情、共同的目標，以及情感的聯繫。

3. 防衛

當你感覺受到情緒化的攻擊時，你可能會表現出防衛的態度。那是一種正常且具有適應性的表現。但是如果配偶彼此不能相互傾聽，不能注意到彼此正在表達的話語，那麼他們將會長期毫無知覺地受到這樣的婚姻所折磨。當你表現出防衛態度，你可能會編造藉口，或是否認自己在面對婚

姻問題的形成上你應負的責任。

4. 築牆（拒絕回答或合作）

築牆是一種關閉自己的行為。對於築起高牆的人而言，可能是情況對他來說已經變得太過緊張，築起一道牆，將自己隔離，可以幫助他緩和情緒，以便將情況掌控在他可以處理的程度。問題是築牆儘管能夠有效地將情緒帶回到可以控制的程度，但是它同時也逃避了親密關係。這位騎士通常會出現在男性身上，這是與男性的逃避溝通行為有關，但是女性也會在情緒緊張的情況下出現這種行為。

這四種態度幾乎都會出現在所有的人際關係裡。不管是朝向離婚或分居，以及在破裂關係中還能繼續維持關係的配偶，根據 Gottman 的研究，他們都面臨修補親密關係的問題。在修補親密關係的同時，配偶之間必須分享溫柔、情感與正面的情緒。這些有益於保護親密關係，以免受到上述四騎士的破壞。

你可以使用你的內觀法去留意或是去察覺四騎士是否出現在你的親密關係之中，同時你也可以使用 IPE 技巧去對抗四騎士。若是你用心修補關係，你的親密關係將不會被摧毀。

四 改寫對親密關係的假定

DBT 的要素之一：針對你所面對的人們或問題發展一個全新的假設，將此一假設定義清楚，這對我們在面對困難時非常有效。我建議你考慮採用本書在導論所列出來的六項假設為例，重新改寫你對親密關係的看法。你可能需要與你的另一半坐下來，討論這些假設，把它們寫下來，以便隨時提醒自己。當你與另一半展開激烈的討論時，找出這些假定，將它們放在桌面上，或者放在手邊作為你們討論的指南。它們會幫助你躲避四騎士致命的攻擊。

Don't Let Your
EMOTIONS
Run Your Life

1. 考慮到我們是完全不同的個體，成長的過程也不一樣，對於我們之間的感情與關係，我們正在盡全力維持。

2. 我們兩個可以做得更好。我們可以一同學習、成長、改變與適應，並且更有技巧地處理事情。

3. 我們兩個都想要做得更好。我們都想要維持與提升我們的感情與關係，即使我們負面的情緒或是不經思考的行為常會阻礙我們。

4. 我們兩個必須做得更好、更努力，以及將我們學到的情緒處理技巧運用到每一個有關的情境之中。處理不當，那些情境便會損壞我們的親密關係，處理得宜，就能提高我們之間的親密感。

5. 我們之中沒有人是「所有」問題的製造者，但是，無論如何我們兩個都必須一起努力去解決問題。

五 做出親密關係協議

　　只要你能夠清楚且具體地定義出你們兩人親密關係的基本假設，它就能幫助你更進一步做出清楚具體的感情協議。以下是六項有助於你維持親密關係的具體協議：

- 辯證式協議（dialectical agreement）

- 成為協商與合作夥伴協議（consultation-to-partner agreement）

- 一致性協議（consistency agreement）

- 觀察與限制協議（observing-limits agreement）

- 同理心協議（empathy agreement）

- 容許犯錯的協議（fallibility agreement）

Don't Let Your
EMOTIONS
Run Your Life

　　如同我們之前提到的假定，你可以不加修改地使用這些協議，或者針對你的親密關係，改造它們，使它們更適合你。接下來，讓我們仔細地來檢視它們。

1. 辯證式協議

　　這個協議表示你將努力地在你的親密關係中尋求平衡，也就是在極端的情緒、行為與想法之間找尋中庸之道。這意謂著你必須承認，你們之中沒有人對你們的關係「擁有」全面的、廣泛的以及詳盡無疑的真相，你們之間也沒有人是百分之百正確地瞭解彼此的處境或問題。

　　我們沒有人具有這樣的洞察力去解釋每一個問題背後形成的因素。所以當你們面臨問題時，你們要問問自己「我是不是還遺漏了什麼？」你們不但必須分頭詢問自己，也要一起討論。當你的伴侶表現怪異荒謬，或者有些粗魯時，你可以問問自己「在這個情境中我是不是遺漏了什麼？」或者「有什麼因素是我不瞭解或沒有感受到的？」

2. 成為協商與合作夥伴協議

　　這個協議是你們彼此相互承諾不會使用中間人來解決你們的問題。這並不表示你們不應該或不可以尋求諮商，因為心理治療通常對修補親密關係是有幫助的。但是如果你參加夫妻諮商，你的治療師或諮商師也不能為你們解決問題，他們也不應該變成你們的中間人。他們的角色最多是經由會談的觀察與回饋來催化你們改變的教練。

　　確認你的岳母（婆婆）不是那個正在告訴你你的另一半在想什麼的人。同時你也不要成為一個向朋友、牧師或親戚抱怨另一半的人。你可以尋求那些人積極的意見，只要把這些意見帶回家。但是你一定要記住，只有你和你的伴侶才能解決你們所面臨的問題。

Don't Let Your
EMOTIONS
Run Your Life

3. 一致性協議

這個協議的意思是你們倆不必在情緒或行為上完全相同。你們不一定都要喜歡相同的食物、飲料、書籍、甚至是天氣。你們倆也不必擁有相同的問題解決技巧。同樣地，你們與其他人的人際關係也不必相同。讓我們假設，在一個婚姻關係之中，妻子每個星期去娘家看媽媽一次，丈夫則是每個月去看婆婆一次。太太必須接受丈夫的行為並不代表他是個冷酷的人或是一個糟糕的兒子。而丈夫則應該摒棄那些太太比較常去探望母親表示她是個黏人或是長不大的女孩的評價。

4. 觀察與限制協議

你們可將這個協議稱為他或她的協議，這是確認自己限度的協議。這表示身為夫妻，你們必須相互溝通有關你們的需要，以及什麼是沒得商量的行為（像是通姦、上癮的賭博行為、不工作等等）。

5. 同理心協議

這個協議是不言而喻的。它只是同意你們必須全力以赴地以對方的角度去看待生活。換句話說，穿他人的鞋子走路，感受對方的感覺。

6. 容許犯錯的協議

有些時候，我們全是愚蠢的人，會做些愚蠢的事。這個協議只是讓它變得更清楚明確，那麼你們就不會在伴侶或你自己搞砸、或者違背上述協議的時候被嚇著了。

六 保持具體明確的協議

在本書一開始時，我們談過我對你（讀者）的假定。你可以回想一下，當時我建議你盡可能讓這些假設是具體明確的，而且你最好將這些假

Don't Let Your
EMOTIONS
Run Your Life

設放在醒目之處。為了提升你們的親密關係，我建議你們對這些關係協議也採用一樣的做法。一開始，你會想要將以下的提醒影印下來，貼在你的房子裡、車子裡、記事本、冰箱上或是臥室衣櫥的門上等等各個地方。往往在你們必須展開重要的討論時，通常都是激動且情緒化的，此時你們可以坐下來看看這些假定，利用它們來引導你們的討論。

假設與協議：我們堅持要團結一致

我們團結一致，拚命地對抗批評、輕視、防衛與築牆，這些會破壞婚姻關係的四騎士。

因為我們帶著各自的小缺點、失敗、榮耀與美麗愛著對方，但是我們對彼此有著以下的假定：

1. 考慮到我們是完全不同的個體，成長的過程也不一樣，但是對於我們之間的情感關係，我們正在盡力維持。

2. 我們兩個可以做得更好。我們可以一同學習、成長、改變與適應，並且更有技巧地處理事情。

3. 我們兩個都想要做得更好。我們都想要維持與提升我們的情感關係，即使我們負面的情緒或是不經思考的行為常會阻礙我們。

4. 我們兩個必須做得更好，更努力，以及將我們學到的情緒處理技巧運用到每一個有關的情境之中。處理不當，那些情境便會損壞我們的親密關係，處理得宜，就能提高我們之間的親密感。

5. 我們之中沒有人是「所有」問題的製造者，但是，無論如何我們兩個都必須一起努力去解決問題。

為了讓這些假定真實地存在於我們的親密關係之中，我們承諾並堅守以下的協議：

1 辯證式思考協議

身為夫妻，我們同意會練習更具有彈性的思考方式，努力察覺那些會引發爭吵的對立與兩極化的想法。我們同意我們沒有一個人能夠單方面地或是全然地擁有事實真相，我們必須瞭解我們倆對這個問題都有自己的看法。

2 成為協商與合作夥伴協議

最終，我們必須藉由相互交換意見去找出我們親密關係中的問題原因。如果我們需要智者或意見，我們將會尋求外面的資源以獲得支持與協助，而不是互相批評與奚落。我們不會與人隨意閒聊，因為那不是尋求協助的方式。在我們得到良好的建議時，我們會將建議帶回去，與對方溝通我們可以做些什麼來改善。

3 一致性協議

我們同意我們不一定要有共同的興趣、喜好或者限制。我們不必因為我們之中有人喜歡壽司，就表示我們兩人都必須喜歡壽司。這也適用於我們對動作片或浪漫喜劇的喜好。我們也同意接受我們每個人都會根據自己的弱點和其他事件而有不同的表現，所以行為也會因時因地有所不同。星期六事情處理得還不錯，但星期一未必行得通，而我們都能接受這一點。我們同意我們每個人都會依據情境、事情的發展以及角色不同而對對方表現出不同的行為。我們也都會將自己的標準設定在合理的程度。

4 觀察與限制協議

我們每個人都有責任為自己的限制設限，這些限制會隨著時間改變。當我們其中一人生病了，另一人可以暫時放寬限制去負責所有的家務，在生病者復原後再恢復以往的限制。我們對小孩、朋友或者家人會有不同的限制。我們同意我們並不是為了彼此而設定那些限制，而且我們樂於公開討論並且接納這些限制。

5 同理心協議

我們同意按照彼此過去的經驗與技能努力去瞭解彼此的行為。我們願意摒棄評價的態度，然後以對方的觀點去看待生活。在我們面對另一半的問題行為時，我們將會以不帶輕視或評價的方式去理解對方。我們承諾彼此都願意堅持著這些協議。

6 容許犯錯的協議

我們同意，身為容易犯錯的人們，我們兩人都會偶爾違背這些協議。果真如此，我們願意協助彼此再次遵守這些協議，以繼續維持一段整體而言我們都會喜歡的關係。

CHAPTER 14

生存與接受

　　情緒可能會使人痛苦，如果你此刻正遭逢強烈的、令人崩潰的悲傷與憤怒，那麼學習如何有技巧地體驗情緒是很重要的。否則，當你深陷情緒之中，你可能會從事一些讓事情惡化的衝動行為——暴食、狂飲或是隔絕自己——這些行為將使你遠離你原本的目標。

　　挫折容忍力技巧（distress tolerance skills）是用來幫助你有技巧地忍受痛苦（Linehan, 1993）。這不表示你可以擺脫痛苦，我的許多個案在我們首次討論到挫折容忍力時會有失望的感覺，因為他們瞭解到我沒有辦法讓他們擺脫痛苦的生活。但是一旦他們領會了「痛苦是不可避免的」這個事實，他們也能很快地瞭解到這些技巧的重要性。生存在這樣的生活中，表示我們都容易受到跌破膝蓋、撞傷頭部以及心碎的傷害。

　　挫折容忍可以分成兩個主要而且同等重要的類別：「危機求生技巧」與「接受技巧」。因為我知道許多具體的方式可以幫助你度過危機，所以我在本章中主要是列出危機求生的技巧。並且在本章最後的部分我會談到一些有關樂意地接受痛苦，以及從苦難中學習的重要性。

　　以下的技巧有助於你忍受痛苦或者改變痛苦的來源，進而舒緩自己的情緒去對抗它，那麼你的情緒就會變得更有復原力。

Don't Let Your
EMOTIONS
Run Your Life

一 危機求生技巧

從下面的列表中，逐一勾選那些對你來說是危機的情境，以及身處危機時你的感受：

☐ 被開除

☐ 重要他人離開你／與戀人分手

☐ 同事因為你的構想或工作而受到好評

☐ 約會時對方爽約

☐ 學校考試考不好

☐ 孩子逃家

☐ 有人不贊同你的行為

☐ 週末獨處

☐ 暴食

☐ 沒有運動

☐ 感覺孤單

☐ 悲傷

☐ 無聊

☐ 尷尬

☐ 受到驚嚇

☐ 生氣

☐ 其他：＿＿＿＿＿＿＿＿＿＿＿＿＿＿＿＿＿＿

二 危機求生策略

危機求生技巧是具體、明確的行動，當你發覺自己處在危機之中，而且情況不可能好轉時，你可以採取危機求生技巧。這些技巧可以幫助你在困境中存活下來，並且不會讓事情惡化。每個技巧都和我們先前所說的情緒復原力與情緒智能有關。這是讓你整個人致力於有技巧地回應情境的策略。其中最好的策略之一就是「分散注意力」。

你可以使用許多方法來分散你的注意力，以下列出來的部分只是一些建議。在每一類的活動中，你一定可以想到許多其他的活動。這是在你處於危機時，我給你的基本建議：

- 保持身心處於活躍的狀態
- 對他人伸出援手
- 提醒自己事情可能會更糟
- 使用相反的情緒
- 把想法「放在一邊」
- 激勵你的思考力
- 尋求強烈的身體知覺
- 安慰自己

（一）保持活躍

找出可以讓你全神貫注或是需要你付出全副精力的事情來做，就能讓你的心思遠離痛苦的想法，並且可以避免你老是想著事情有多糟糕。

- 鍛鍊身體
- 做瑜珈
- 組裝模型

Don't Let Your
EMOTIONS
Run Your Life

- 參加宗教服務

- 逛街

- 玩電腦遊戲

- 玩單人牌戲

- 找朋友下西洋棋

- 出席公開的法院聽證會

- 參觀博物館

- 劈柴

- 從事園藝活動

- 打掃家裡

- 製作一份待辦事項清單

- 閱讀一本書

- 為朋友或愛人煮一餐飯

- 約會

- 計畫你的未來

- 寫下你的人生宗旨

- 熟背一首詩或語錄

- 學習外語

- 寄電子郵件

- 從網際網路搜尋有關情緒的資料

- 整理衣櫥

- 做家庭作業

- 列出你想要寄送節日卡片的名單

- 寫信給朋友、家人或政治人物

- 寫封信給編輯

Don't Let Your
EMOTIONS
Run Your Life

- 和某人討論某個議題
- 探望那些不能外出的人
- 購買你的衣櫥裡缺少的衣物
- 寫下你想要的生活方式

（二）奉獻自己

- 從事自願服務性工作（圖書館、醫院、教會等等）
- 捐錢給你信任的機構
- 寫張感激或鼓勵的便條給你認識的人
- 寄感謝函給某人
- 為你認為值得的機構或政治議題請願
- 與某人聚餐，並且在他們沒有預期的情況下付好帳單
- 為某人烘烤甜點
- 寄卡片給所愛的人
- 探望病人
- 為朋友煮餐飯
- 舉辦一場令人驚喜的生日派對
- 匿名送花給人
- 為某人訂購他們最喜愛的刊物
- 帶一位朋友去做 spa
- 為對方買張禮券
- 為某人挑選花束
- 為他人的幸福祈禱
- 親手製作一張卡片，並且將它送出去
- 寫一封推薦函

（三）記住，它可能會更糟

　　不論當下事情有多糟，它們可能變得更糟。這是陳腔濫調嗎？是的，但它也是事實。對那些可以走路的人來說，我們把擁有雙腿視為理所當然；對那些不能走路，但是看得見的人來說，擁有光明是美好的；至於對那些失明的人而言，至少還能聽得見。對於那些既聾且失明的人而言，如同海倫凱勒所證實的，至少她還能學習與周圍的人溝通。而且至少海倫凱勒擁有自由意志，沒有因為政治或宗教信仰而受到監禁，這些卻曾發生在其他人身上。事實總是可能會更糟。

　　想想事情可能會更糟的情況，可喜的是目前它沒有更糟。這樣的相互比較讓我們知道還有其他人正在經歷著一些與我們相同的問題與困境，可能也正做著與我們相同的事。因為知道自己並不孤單而得到安慰。這可以消除世界和我們作對的想法，因為大部分降臨在我們身上的不幸也同樣降臨在別人身上。而且還有那些面臨相似困境，卻處理得更差的人們。比起這些人，我們會因為相對地處理得比較好而覺得驕傲與安慰。這個主意並非對別人的遭遇幸災樂禍，或者是在別人遭遇比較少的困難，同時表現得似乎比我們成熟時，我們會因為自己成為潑冷水的人而感到不舒服。注意每個比較背後的建設性意義，它們是如何提升你的幸福感，以及促進你與情緒共處的智慧。

- 和那些比你貧窮的人比較
- 和那些面臨同樣或是更糟處境的人們比較
- 觀賞連續劇或是脫口秀
- 閱讀那些人們失去一切的故事
- 看看災難、失落以及意外新聞
- 與那些無家可歸的人比較
- 對於你真正擁有的事物心存感激

（四）創造正向的情緒

　　除了那些你正在經歷的情緒之外，在此時選擇那些可以創造別種情緒的活動是很重要的。所以當你感覺傷心時，那麼就去從事一些可以讓你感覺歡笑或開心的事。這些選擇可以是很私人的，也可能是非常有特色的。當我為了考試心情低落時，我喜歡聆聽多樣的音樂：維瓦第的「四季」、莫札特的「弦樂小夜曲」、華格納的「女武神的飛行」，或稍微改變一下風格，也可以是 Nancy Sinatra 所唱的 "These Boots Are Made for Walkin"。

- 閱讀能夠觸動不同情緒的感性書籍或故事
- 聆聽感性的音樂，像是聖歌、讚美詩集，或者任何振奮人心的歌曲
- 觀賞感性與振奮人心的電影
- 閱讀笑話書籍
- 閱讀有趣的問候卡片
- 閱讀振奮人心的文學作品
- 閱讀實用手冊
- 閱讀心靈與宗教的文學作品

（五）把想法「放在一旁」

　　如果你的想法是煩亂的，或者會再次觸發緊張的負面情緒，那麼運用你的想像力或想法去中斷你目前的思緒。告訴自己你的問題可能在稍後會變得容易一點（如果你擔心它們會消失的話），現在就切斷這個思緒。你不必擔心你的焦慮不會再煩你。你只是讓自己在這些煩惱中稍喘一口氣。

- 心靈上離開你的困境
- 刻意阻擋令人煩惱的想法
- 想想令人開心的事
- 回想那些比較快樂的時光

- 想想那些對你表達友善的人們
- 仔細檢核你沉思的內容
- 想出一項你喜愛的活動，像是網球、高爾夫球、露營、畫畫等
- 在你自己與問題之間創造一道想像之牆
- 想想那些會令你露出笑容的朋友、孩子與家人的成就
- 想像你身在美景之中，身旁圍繞著蒼翠的樹木與繽紛的花朵
- 把你的問題放在一個虛構的盒子之中，然後將這個盒子放在虛構的架子上
- 想想有關工作、寫作和婚姻等等未來的計畫

（六）激勵你的想法

利用其他的想法來填滿你的短期記憶，以擺脫那些與痛苦、憤怒以及沮喪有關的強迫性負面的想法。如果你已經對於不如預期的結果（分手、失業等）有著固定的想法，而這些想法造成情緒障礙，那麼你可以仔細想出一些真的可以讓你全神貫注的事情，努力想著這些事，讓它們能夠真正盤據你的心思。想想那些愉快的時光，從事一些心靈活動——或是任何有效的活動。

- 從 0 數到 10、50 或是 100
- 看看能讓你專心的電視節目
- 閱讀懸疑小說或推理小說
- 從事填字謎或拼圖遊戲
- 解決邏輯的問題
- 努力理解很難的詩句
- 注意欣賞一幅藝術作品，並且努力去理解這個藝術家表達的概念
- 使用外語朗誦

Don't Let Your
EMOTIONS
Run Your Life

- 數一數地板上或是天花板上的瓷磚
- 寫出你對於政治或社會問題的解決方法
- 閱讀傳記
- 熟背並且朗誦祈禱文、詩歌或是歌曲
- 記住那些你所關心的事實真相
- 運用網際網路建構一份資源檔案
- 努力回憶你曾有過的美好日子，在那些日子裡的每一個細節
- 努力回想當時那個你從未見過的人，他臉上的特徵

（七）尋求強烈的知覺感受

　　強烈的身體知覺會干擾你目前負面情緒的生理反應，因而中斷你的情緒歷程。正如你在前面幾章所得知的，情緒為你的身體活動做好準備。所以如果你能干擾目前蓄勢待發的情緒，你就能預防情緒潰堤，並且可以中斷一連串會導致衝動行為的舉動與感受。

　　強烈的身體知覺也可以中斷生理作用的衝動，像是酗酒、過度飲食、傷害自己或傷害他人的衝動，以及其他一大堆你正在努力消除的行為，藉著運用你的身體知覺去中斷這些毀滅性的行為模式，你得付出全部的心力去改變，不只是你的腦袋或是意志力，也包括了你的身體，這裡對於知覺探索者有一些建議：

- 雙手緊握著冰塊
- 品嚐口味強烈的冰棒
- 吃檸檬
- 沖個非常燙或非常冰的澡，或是洗三溫暖
- 突然用橡皮筋射一下你的手腕
- 飲用黑咖啡

- 聽著難聽且大聲的音樂
- 品嚐非常酸或是味道很特別的甜點，讓它們在你的口中融化
- 擠壓壓力球
- 從事肌肉放鬆運動
- 做伏地挺身
- 把冰塊或是冰冷的東西放在你的額頭上
- 浴缸放滿非常冰冷的水，走入浴缸，然後待在裡面直到水慢慢變溫
- 赤腳踩進裝滿冰水的桶子裡
- 聞聞味道刺鼻的乳酪
- 戴著暖暖包或冰袋
- 咬一口洋蔥

（八）安慰自己

當你感到痛苦時，找個方法安慰自己。不要等著他人來安慰你，不過稍後你可以好好想想你可以向哪些人尋求安慰。平時你若能預想愈多可以撫慰自己的方法，當下就愈能使用這些方法來安慰自己，因為期待當你需要別人安慰時，他們總是能在你身旁，這種想法是不切實際的。為了安慰自己，你需要運用那些能夠讓你專注在五種感官之中的一兩種知覺的活動：包括視覺、聽覺、嗅覺、味覺以及觸覺（Linehan, 1993）。

1. 視覺

考慮所有你可以或是你認為可以做的事情，或者找出你有興趣而且容易做的事情。專注於運用你的視覺去看看美麗的、寧靜的景色與藝術。佈置你的生活與工作空間，以減少任何視覺上的雜亂與壓迫感。

- 在牆上掛幅畫
- 購買並且觀賞一幅美麗的圖畫、版畫或是海報

Don't Let Your
EMOTIONS
Run Your Life

- 購買擺放於餐桌中央的擺飾品

- 擺放季節性的裝飾品

- 看看樹木、草地或植物

- 看看河流、池塘與噴泉

- 看看攝影的書籍或雜誌

- 觀賞自然博覽會

- 看看藝術或攝影的書籍

- 看看商店櫥窗的展示品

- 去動物園看動物

- 觀賞日出或日落

- 觀看大雷雨

- 開車或走路逛逛你的城市，並且看看城市裡的建築物

- 將你的房間漆上一種令人安心的顏色

- 翻一翻雜誌

- 去看看大海

- 開車橫越大草原或是上山

- 看看藝術的書籍

2. 聽覺

　　由於你著重在安慰自己，所以你要找到可以讓自己放心、放輕鬆或者平靜的音樂。重金屬音樂也許對轉移注意力很有幫助，但是安慰自己則需要室內音樂或民謠。

- 聆聽古典樂

- 聆聽只有樂器演奏的柔和音樂

- 購買一台可以發出「巨大」聲音的音響，以播放大自然的聲音

- 演奏樂器
- 要求朋友為你演奏樂器
- 為自己唱首歌
- 邀請朋友為你唱首歌或與你合唱
- 聆聽冥想或放鬆的錄音帶
- 聆聽自我肯定錄音帶
- 聽有聲書
- 打開電扇、空氣清淨器，或者任何其他頻道未調好時所發出來的噪音
- 聆聽葛利果聖歌（Gregorian chants）的唱片。
- 哼首曲子
- 吹口哨
- 請朋友為你朗誦
- 打電話給朋友
- 打免付費的電話去聽聽人們的聲音
- 打一通播放時間、氣溫與氣象的電話
- 打電話給笑話熱線
- 大聲朗誦

3. 嗅覺

讓你的環境充滿著香噴噴或美好的氣味，如果你沒辦法做到，那麼就親自到某個可以讓你體驗到這些香味帶來愉悅感受的地方。你會發現那些觸動你正向回憶的氣味將有助於你達到自我放鬆。

- 焚香或點燃有香味的蠟燭
- 去麵包店或烘焙房，然後站在附近聞著它們的香味

- 在身上塗抹有香味的潤膚油或乳液
- 烘焙新鮮的麵包和巧克力小餅乾
- 在你家周圍噴灑空氣清香劑
- 噴上古龍水或香水
- 刮完鬍子後，抹上有香味的潤膚油或乳液
- 噴上清新的防臭香水或止汗劑
- 使用帶有果香（草莓、香蕉等）味道的洗髮乳洗頭
- 注意草皮剛割完後的味道
- 聞一下氣味濃厚的起司〔林堡乾酪（Limburger）、荷蘭產高達乳酪（Gouda）、藍紋的乳酪（blue cheese）〕
- 在你的壁爐升火，注意它的味道
- 使用插電的空氣清淨劑
- 聞聞花朵的味道
- 來到樹木茂密的地方，聞聞它們的味道
- 到當地百貨公司體驗香水與古龍水的試用品
- 聞聞衣服剛洗好的味道

4. 觸覺

記住你是個人，如同其他任何人一樣，你需要觸摸。觸摸極具撫慰的功能，而且它會刺激腦內啡使你的身體放鬆，給你一種幸福以及和他人緊緊相連的感受。觸摸也是一種溝通的形式，並且具有社會化的功能，如果目前你是單身，這裡有一些使用觸摸的策略。

- 去做個按摩
- 擁抱某人
- 擁抱一棵樹

- 去游泳
- 泡個從容、豪華的澡
- 全身抹上精油或乳液
- 鋪上乾淨的床單，並且整個人鑽進被窩
- 穿上絲質的睡衣或內衣
- 沖個長時間的熱水澡
- 留意微風是如何吹拂你的臉與身體
- 按摩你的手、手臂、腳或大腿
- 做個背部按摩
- 按摩太陽穴及前額
- 用泥漿推拿你的腳趾
- 赤腳走過沙地、泥地或草地
- 將你的腳浸泡於溫水、池塘或小河中
- 去裸泳
- 緊握著雙手

5. 味覺

在你覺得有壓力時，避免吃太多糖、酒精和咖啡因才是明智之舉。糖或咖啡因會讓你感覺焦躁，酒精則會減弱你的判斷力與衝動控制能力，使你更容易受到目前經歷的負面情緒所傷害。所以要關心自己的需求、身體和醫療問題。去瞭解哪些東西是可以撫慰你而不是刺激你？

- 慢慢地吃著你最喜歡的食物，品嚐每一口
- 慢慢地、小心地喝杯溫熱的飲料，感受它的溫暖進入你的體內
- 吃著熱騰騰的土司
- 吃顆薄荷或肉桂口味的糖果，慢慢地吃

Don't Let Your
EMOTIONS
Run Your Life

- 喝杯巧克力牛奶

- 嚼一片你最喜歡的口香糖，試試新口味

- 喝些加入檸檬汁的熱水

- 喝杯花草茶

- 喝杯溫牛奶

- 喝碗你最喜歡的湯

- 做一盤拌著起士、洋蔥、綠葉萵苣以及綠色和黑色橄欖的沙拉

- 吃個蛋捲冰淇淋，或是做個冰淇淋聖代

- 到本地的熟食店試吃

三 自我安慰的阻礙

　　有些人在首次接觸到自我安慰的概念時，他們會覺得這個技巧難以實行。那是因為他們根深蒂固地相信自己不值得受人安慰，或者安慰自己是一種自私的習慣。他們甚至想到寬以待己都會感覺愧疚。如果你是這種情況，發現任何會干擾你自我安慰的想法是很重要的。對自我安慰感覺愧疚是自我安慰的一種阻礙，而這個阻礙是可以被克服的。

　　在下列信念的列表中，檢核所有可能阻礙你的想法，或者把其他你想到的想法加到表格最後的地方。當你完成後，仔細想想在這個資源表中其他實際的阻礙，以及你可以做什麼來克服它們。

（一）信念的阻礙

☐　我不應該感到舒服

☐　我不應該得到善意或同情心，甚至從自己身上得到也不行

☐　自我安慰是一種奢侈的放縱

☐　我不應該安慰自己

自我傷害：Phoebe

在我見到 Phoebe 時，她已經有將近十年的割腕歷史了。從中學開始並且持續到大學。不論何時在她的情緒高漲時，她會覺得痛苦是難以忍受的，必須以割腕來舒緩自己的痛苦。對她的家人、朋友，以及一些心理治療師而言，這個舉動似乎是非常奇怪的。他們無法想像割腕帶給她紓解痛苦的程度。

Phoebe 開始以 DBT 來治療她的割腕行為，她發現割腕可以轉移與舒緩情緒。對她而言，這個領悟附帶的結果是一種失去控制的羞愧感，而她的家人與朋友則是將她的割腕行為當作一種異乎尋常的行為，或是一種控制慾的表現。當她開始運用 DBT 時，她開始願意去嘗試一些實際的方法來中斷過去她在割腕前後所呈現的行為模式。

當 Phoebe 增加她對感官知覺的察覺能力時，她就能愈快地辨識出她想要割腕的衝動，然後開始使用冰塊來中斷這些衝動。在我第一次向她建議這個方法時，她是心存懷疑的，但是我解釋說那是因為強烈的身體知覺通常會中斷在割腕之前慣有的感覺，而且對於中斷與割腕所連結的想法也很有效，最後就可以中斷強烈的負面情緒。

在幾個月的時間一再地重複練習後，她開始留意到自己已不再需要割腕，而且事實上她想要割腕的衝動也減少了。她曾有過失誤，而且真的割腕了。但她並沒有因此把自己視為失敗者，反而將割腕事件和沒有割腕的情境做一比較，然後她瞭解到她不只是對自己更有控制感，而且她也更喜歡不為了割腕而割腕的結果。當她也試了其他像是觀察與敘述、呼吸與自我安慰的技巧時，她不斷地在進步中。

Phoebe 學習到許多觸發她強烈的情緒經驗不完全是因為她個人內在脆弱的原因。常常是因為她沒有理會這些問題，一直到它變得非常嚴重。所以她開始著手處理目前的人際問題，並且練習自我肯定技巧，這讓她的問題變得更容易處理。現在她仍有一些問題，但是問題的嚴重程度已大不相同。

在大約六個月的時間中，Phoebe 幾乎不再割腕。在一年內她能夠回顧至少有四個月的時間沒有出現任何自我傷害的行為。現在她說她已經一整年沒有割腕了，並且持續竭盡所能地使用 DBT 的技巧。

Don't Let Your
EMOTIONS
Run Your Life

☐ 我真的不瞭解什麼是自我安慰

☐ 我不認為安慰對我有所幫助

☐ 我沒有時間自我安慰

☐ 不論何時我都要努力去安慰自己

☐ 我認為別人應該安慰我

☐ 如果別人沒有安慰我，我就不應該安慰自己

☐ 男人可能會說：「女人才需要自我安慰」

☐ 我無法忍受在我自我安慰時所感受到的那種羞愧感

☐ 我無法安慰自己

☐ 如果我嘗試去安慰自己，我就會變得憤怒與傷心

☐ 其他：＿＿＿＿＿＿＿＿＿＿＿＿＿＿＿＿＿＿＿＿

＿＿＿＿＿＿＿＿＿＿＿＿＿＿＿＿＿＿＿＿＿＿＿＿

（二）資源的阻礙

☐ 我沒有很多錢

☐ 我沒有很多時間

☐ 我沒有潤膚油、乳液和蠟燭

☐ 我沒有交通工具

☐ 我沒有大浴缸

☐ 我不能去做 spa

☐ 我不知去哪兒安慰自己

☐ 在家裡我缺乏隱私

☐ 其他：_____

_____

問題一：我沒有很多錢

解決之道： 使用家中既有的東西或與鄰居合作

- 使用浴缸或淋浴間泡個舒服的澡或淋浴。即使你沒有泡澡粉或沐浴球，浸泡在一桶熱水中來放鬆肌肉感覺也會很棒。

- 洗一大堆的衣服，包括寢具。從吊衣繩或烘衣機裡把它們拿出來，立刻放在你床鋪上，盡可能快快地爬上床去感受床單乾淨且溫暖的感覺。

- 打掃你的家裡或臥室。完成以後，坐下來看看乾淨整齊帶給你的寧靜。

- 按摩你的手、腳和大腿。去本地的圖書館找到一本按摩的書籍，然後你可以從中學習專業的按摩技術來為自己按摩。

- 煮一碗湯，讓香味在你的房子裡飄散。注意感受這個香噴噴的味道。

- 看看你的院子或公園裡的樹木、草地、植物或花朵。觀察並描述觀賞這些景物是怎麼撫慰你的。

- 到附近的圖書館去看看圖畫書與雜誌。

- 靠近或者走進餐廳、咖啡廳或麵包店，呼吸食物或咖啡的味道。

問題二：我沒有很多時間

解決之道： 你必須騰出時間。這些技巧對你太重要了，你不能不去嘗

Don't Let Your
EMOTIONS
Run Your Life

試。從未抽出時間運動的人們常說：「我沒有時間。」然而那些規律運動的人則會說：「我沒有時間運動，但是無論如何我都會騰出時間。」事實上對所有這些技巧而言也是如此。沒有人有時間，但每個人都能騰出時間。

- 把自我安慰的練習寫入你的行事曆中，安排安慰自己的時間。列出那些你將會去做、或者曾做過安慰自己的活動，把它放入你的計畫中。

- 把具體的自我安慰活動放在待辦事件的清單上。

- 對他人做出你會每天練習特定技巧的口頭承諾。

- 減少其他的活動（例如，看太多電視或玩太久電視遊樂器）。把你從事太多的活動列出來。列出那些你會戒掉的電視節目。

- 與朋友或心理治療師建立一個協定，那就是在你練習自我安慰之後要向他們報告。

- 從簡短但具體的練習開始；一開始是十五分鐘，漸漸地你可以增加到一整天。

問題三：我沒有交通工具

解決之道：尋找一些沒有交通工具也能做的事情。列出可以在家裡做的事情，如果在你們那個社區裡大眾交通工具便利的話，就使用大眾交通工具，或者偶爾搭乘家人與朋友的便車。

四 準備緊急自我安慰的救生包

你無法總是能夠預期到情緒緊急事件什麼時候會打擊你，但你知道它是一定會發生的，所以現在就做好準備。所有上面所提到的轉移注意與自我安慰的技術可以幫助你將思緒轉移至其他地方，而不是鑽牛角尖，同時它們也會強迫腦袋與身體重新去適應情境。

Don't Let Your
EMOTIONS
Run Your Life

　　我常常強力建議我的病人多少做一些「緊急事件救生包」，裡面裝著他們覺得能夠有效地度過危機而不致於讓危機惡化的東西。他們把救生包放在房子裡的盒子、籃子或袋子裡，那是一些讓他們能夠很容易拿到的地方（能夠很容易地找到這救生包是很重要的，因為在你特別生氣或極度混亂時，要冷靜地想到它們擺放之處是很困難的）。

　　這裡有一些東西是你可以放入救生包的：

- 含有紫丁香或杏仁味道的身體乳液
- 古典樂 CD
- 幸運符或忘憂石
- 香
- 一些巧克力
- 一份八卦小報

　　設計好你的安慰救生包之後，在你的住家周圍做一些變化也能幫助你做好準備。尤其是如果你正在努力對抗你的自我傷害行為，像是割腕等，這會是特別重要的。此時你會想要緊緊抓住身體與腦袋的注意力，強烈的身體知覺則可以達到這個目的。

　　仔細想想所有容易拿到或是能夠將它們放在一起的東西。以下也許有些想法不適合你，但請不要忽視它們。這些想法是來自於那些大部分與你有著相同經歷的人們。樂於嘗試一些新的事物。記住，挫折容忍力不是解決生活中最深沉且最困難的問題，而是讓你在強烈的情緒危機中求生，並且沒有讓事情變得更糟。

　　把少許的冰塊放在三明治塑膠袋裡。在你開始感覺失控時，走向冰箱，抓起一袋冰塊，緊握著它。三明治塑膠袋會讓冰塊盡量不要滴下水來，但是如果你不介意有些水會流到地板上的話，試著直接握住沒有用袋子裝著的冰塊。

把檸檬或是檸檬汁放在冰箱裡容易拿到的地方。品嚐、啜飲或者不要稀釋直接喝下它們。它們的味道是相當濃烈的，因此可以有效地轉移你的注意力。你也可以切一些新鮮的檸檬、酸橙或葡萄柚，把它們裝在塑膠的容器裡，然後放入冰箱。必要時，拿出它們，放入口中，然後去感受那些味蕾甦醒過來的感覺。

在你的手邊準備一些冷藏的草莓、藍莓或蔓越莓。把它們拿出來慢慢地咀嚼，感受它的冰涼並且注意酸味和甜味在你的口中散開來的感覺。在你的手邊準備一些柳橙冰棒，用同樣的方式品嚐它們。

這裡所有的例子都是我的個案自己曾經嘗試過，然後告訴我的。不管你選擇準備哪些東西，都要確定你知道去哪裡找到它們。把它們放在對你而言有意義，並且走得到和看得到的地方。若是你想要在浴室裡洗個泡泡澡，那麼就不要把泡澡粉放在車庫裡。

五 建立危機處理網絡

找到外在的協助，而不是你獨自一肩挑起所有的負擔是很重要的。在危機時期，你會想要用電話或信件找到那些你可以聯繫到、願意提供支持以及根據他們的角色適時介入的家人、朋友與專家。

舉例來說，你會期待一位可以提供全面危機處理的心理治療師，在數小時之後他能夠提供專業以及有事實根據的介入之道。與你的網絡成員一起建立期待是最好的，確認你瞭解自己對每一個成員都擁有正確的期待，那麼你就不會因為那些無法提供專業服務的家人或朋友而感到不必要的挫折，因為他們不是提供你心理健康專業服務之人。

反過來說，如果你已經可以找到專家，他們可能是你自己的心理治療師，或是經由本地的危機專線中找到的專家。要瞭解那些專家不能是你的朋友，所以如果他們以那種像是「臨床距離」（clinically distant）的態度面

Don't Let Your
EMOTIONS
Run Your Life

對你，記住你的目的是在危機中獲得協助，而不是發展友誼。此外，你也會想要優先去討論那些你需要的危機支持。邀請你的網絡中每個自願的成員，依據他們與你的關係貢獻他們各自的才能。

如果你的網絡成員傳達出渴望改變自己的角色時，不管什麼理由，都要樂意且親切地讓他們這麼做。然後心存同理且隨機應變地讓這些人願意改變他們的心意。感謝他們對你的支持並且詢問他們如果有其他的方式時是否願意繼續支持你？像是一起用餐、看電影等等。這種非危機時的支持通常會持續很久以減少壓力與失控感，而這些可以持續地幫助你預防危機。

網絡成員

這裡是針對那些你的危機網絡中可能需要的成員所提出的一些建議：

- 主要的心理治療師
- 支持的／輔助的治療師
- 團體或輔助的治療師
- 個案管理者
- 內科醫師
- 牧師
- 心靈導師
- 教師／教育人員
- 監督你實踐十二個步驟的人（twelve-step sponsor）
- 支持團體裡的朋友
- 同事
- 本地的危機專線／關懷專線
- 兄弟姊妹

- 伯母、嬸母、姨媽、姑媽、舅媽／伯父、叔叔、姨丈、姑丈、舅舅

- 堂（或表）兄弟姊妹

- 同學

- 其他的親戚

- 朋友或熟人

六 透過電話尋求危機協助的指導方針

如果你有一位可以提供假日危機服務的心理治療師，安排打個電話給他。如果在一個小時內（或是你們兩人共同決定的時間）沒有收到他的回電，就打電話給當地的危機專線。

告訴危機專線的工作人員是否可以提供一位心理治療師給你，因為你想解決目前的危機，而心理治療師的支持對你將會是有幫助的。接受危機工作人員的忠告與指示。如果你不知道當地危機專線的號碼，那就打電話去 104 詢問，找找你們當地的電話簿，或是詢問你的心理治療師。

如果你的精神疾病症狀正在嚴重惡化中，像是增加妄想和幻覺，或是由躁鬱症所引起的情緒起伏加劇，嚴重危及你或他人的安全，打電話給當地危機專線、醫院或是 119 去做個評估。你可能會需要調整你的藥物、接受立即的環境支持與安全設施，或者也許必須暫緩亞急性痛苦以穩定病情。如果你自己沒有交通工具，或是沒有能力使用交通工具的話，有些都市和省（州）會提供。

如果你已經傷害自己了，或是已經是屬於醫療的緊急狀況時，立刻打119。

如果你正處於難以控制的痛苦中，企圖自殺（想要結束自己的生命），並且處於可能自殺成功的情境時，打 119 電話並且／或是遵循你與心理治

療師共同達成的協議。任何沒有專屬心理治療師的人在這些狀況下都應該
打電話給 119。

七 與危機專線的夥伴一起合作

我曾經是危機專線的心理治療師，我可以從經驗中告訴那些打電話
進來，而且能夠採取下列步驟的人，如何因應才能立即獲得有效的幫助。
遵循下面這些原則不能保證你的危機將會立刻減少，然而它會是有效的，
也就是能夠更符合增加生活技能的目標。不是每個行政區域都有同樣的資
源，也不是每個行政區域都有各種的危機專線。你也許必須打兩個州以上
的電話，或是完全依賴 119，所以你必須事先做好替代計畫。

不管你打的危機專機是否有心理健康專家或義工，下列指導原則可以
幫助你讓這通電話變得更有效。

1. 給予所有的基本資料

- 提供你的名字（那麼他們不必用「你」來稱呼你）
- 你目前所在的區域及地址
- 家裡的電話號碼，或者如果不在家裡，則留當時的電話號碼
- 社會保險號碼
- 出生年月日（有一些和年齡相關的因素在評量健康時是具有意義的）
- 你的主治醫師、精神科醫師和心理治療師的電話號碼（如果有的話）
- 附近的社區心理健康中心
- 你的保險狀況（有無保險），將你的保險號碼和維護健康組織（HMO）的號碼放在一起（萬一需要評量，這可以很快地將文書資料傳送到你所前往的危機中心或醫院）

Don't Let Your
EMOTIONS
Run Your Life

- 提供有關先前住院治療的資料
- 提供先前企圖自殺或是自我傷害行為的資料,以及當時的結果
- 如果你有任何自我傷害或自殺可用的方法,要告訴危機工作人員
- 告訴危機工作人員所有你曾有過的診斷結果(例如,雙極性情感疾患、創傷後壓力症候群等等)
- 列出所有已知的過敏症以及/或是你的醫療狀況,包括你的交通問題(如果緊急的話,危機工作人員將會努力提供交通工具給你)

2. 提供所有與危機有關的訊息

- 什麼原因使目前的危機突然發生?
- 什麼原因觸發你目前的情緒感受?
- 你是獨自一人還是和別人在一起?
- 你現在是否受了傷?
- 如果你受了傷,告訴他們傷害的類別(割傷、藥物服用過量、窒息)
- 這是在電話中可以解決的問題嗎?
- 經過評估,你對於自己是否應該去危機中心或醫院的意見
- 提供可以聯絡上的家人、朋友或牧師的電話號碼

3. 接受他們所提供的幫助、輔導、建議與指導

- 願意親自去評估
- 願意在你的環境中努力解決這個危機
- 試試他們所提供的建議
- 對工作人員不要說「是的……可是」,或者輕視他們的想法

- 不要拒絕他們的忠告
- 不要評斷工作人員
- 不要對他們說他們是愚蠢的
- 不要期待工作人員可以解除你的情緒苦痛
- 不要用自殺或自我傷害來威脅工作人員
- 保持樂意的態度而不是固執
- 完全地參與這個經驗

八 接受技巧與從痛苦中學習

　　DBT 所稱的全然接受是一種與生俱來的辯證思考和生存的要素。它只是承認什麼是你最優先考量的，不論你是否喜歡它。然而接受並不是認同。一個對於 DBT 計畫陌生的個案，這是一個普偏的誤解。接受不只是忍受不幸。對你而言，它是深切改變的起點。

　　「全然接受就是不再和現實奮戰」，Linehan（1993b, 102）寫著。我們所謂的「和現實奮戰」是什麼意思呢？有個例子是一位小女孩說她將屏息以待，直到她的父母或世界實現她願望為止。這兩種期待都是拒絕現實與全然無效的，因為它們只是讓她變得更憂鬱罷了。

　　「全然」這個詞是根本的或是基礎的意思。它來自於拉丁字 radix，意思是「植物的根」，全然接受來自於你內心深沉的接納，承認現實本身的樣貌，沒有試著用意志力去拒絕它，或是哀聲嘆氣與沉溺在不幸之中。而且就如 Linehan 所表達的「接受是地獄唯一的出口」（1993b, 102），接納讓你能夠正確且精準地判斷出你所發生的事情，同時只有在你以這種方式接納它們時，你才能真正地選擇對你生活有意義和有效的反應。而且因為有些因素是無法改變的，接納它們會讓你更有效地忍受這些你無法改變的事情。

Don't Let Your
EMOTIONS
Run Your Life

　　Viktor Frankl，一位著名的精神治療師，他在意義治療上有重大影響的作品，書名為《活出意義來》（*Man's Search for Meaning*），他生動地描述「接受」所產生的力量——接受是改變和建構真誠希望的基礎。在他的書中，Frankl 敘說他的人生，當納粹將他關在集中營時，猶太人剝奪他身為醫師和大學講師這些享有特權的身分。在集中營裡他作為那些囚犯同伴的醫生，他開始注意到那些垂死和常常生病的人之中，普遍瀰漫著固執、絕望與沒有動力。

　　這些生病和垂死之人通常告訴他或別人在集中營裡有多可怕，上帝是怎麼遺棄他們的？以及反覆地想著他們所處的情境中可怕的部分。與這些人相反，那些健康和比較不需要醫療照顧的囚犯們表達出希望，談論著集中營後的未來，想像與所愛之人重聚，或是回去工作等。他們持續投入在生活之中，完全活在當下，表現積極樂觀，並且肯定自己的生活，如 Frankl 注意到的，這些人不再質疑生命，問生命有什麼意義？反而開始去回應生活，就像是生活曾對他們提出疑問：「你將如何過生活？」

　　我要強力且反覆重申固定練習的重要性，以及將練習深植於心的想法，那麼一天又一天，它們就會融入在你我固定的生活型態裡。這不是盲目樂觀地建議你可以從苦痛中學習。許多人遭遇重大的痛苦，並且在克服它之後，總是讚揚他們從困苦中成長的辛苦事實。這些成長可能包含了領悟世界觀的改變、道德價值觀的更新、奉獻給所愛之人、心靈的領悟，以及復原力的增強。我相信這麼多的人可以從痛苦中學習與成長，這就是你也能做到的明證。它需要寬大的心胸以不同的角度看待痛苦。這是一項可以學習的技巧，而學習則必須練習。

　　對生命中的苦難抱持開闊的心態表示讓痛苦成為它原來的樣子，不要因評斷而使之惡化，或者努力拒絕承認它們的存在來回應。開闊就像我們曾談到的樂意。樂意傾聽痛苦並且從中獲益，讓痛苦勉強稱得上是你的良師益友，讓它提供你指引與教誨。

Don't Let Your
EMOTIONS
Run Your Life

祝福你所有的努力都有最美好的結果！

情緒詞典

APPENDIX

　　以下的情緒詞典出自於 Marsha Linehan 所著的《邊緣性人格治療技巧手冊》（*Skills Training Manual for Treating Borderline Personality Disorder*）（1993）。

愛的字詞

　　「愛」（love）這個字來自於印歐語系中的 leubh-，它是英文古字 lief 的字根，意思是親愛的，而拉丁字 libido 意思是「強烈的慾望」，表示愛與吸引力之間的關係，其他源自相同字根的字包括「讚美」（praise）與「信任」（belief），都有一種與「被取悅」有關的感覺。

- 愛
- 崇拜
- 慈愛
- 振作
- 吸引力
- 關心
- 迷人
- 憐憫

- 慾望
- 迷戀
- 喜愛
- 痴迷
- 仁慈
- 愛好
- 渴望
- 性慾
- 熱情
- 感情用事
- 同情
- 溫柔
- 溫暖

其他：_____

_____

_____

歡樂的字詞

　　一些哲學家為了歡樂（joy）是否為一種情緒，或者它是一種懷抱著希望與安全的感覺而爭辯不休，這個字從拉丁字演變成英文，和我們現代的字「華麗」（gaudy）字源相同，在中古英文這個字是與一頂裝飾用的玫瑰花冠有關。與情緒有關時，歡樂則是描述一種非常愉快、快樂與欣喜的狀態。

- 歡樂
- 娛樂
- 極大的幸福
- 興高采烈

- 滿足
- 喜悅
- 興致高昂
- 愉快
- 令人著迷
- 熱心
- 幸福感
- 興奮
- 開心
- 欣慰
- 歡喜
- 滿意
- 希望
- 歡呼
- 樂觀
- 自豪
- 狂喜

其他：＿＿＿＿＿＿＿＿＿＿＿＿＿＿＿＿＿＿＿＿＿＿

＿＿＿＿＿＿＿＿＿＿＿＿＿＿＿＿＿＿＿＿＿＿＿＿＿＿

＿＿＿＿＿＿＿＿＿＿＿＿＿＿＿＿＿＿＿＿＿＿＿＿＿＿

興趣的字詞

興趣（interest）來自於拉丁語的動詞 interesse，意思是「身在其中」，這個字隱含著「關心」、「重要」或是「要緊」的意思。從十四世紀以來，英文便開始採用這個字，最後演變成「興趣」，到了十八世紀，這個字才開始有「好奇」的涵義。

Don't Let Your
EMOTIONS
Run Your Life

- 全神貫注
- 誘人
- 吸引人
- 好奇
- 投入
- 專心
- 入迷
- 引誘
- 心醉神迷
- 神昏顛倒
- 求知心切
- 興趣
- 強行侵入
- 追根究柢
- 深思熟慮
- 誘惑

其他：_____

_____

_____

憤怒的字詞

在古英文裡，憤怒（anger）來自於古北歐語 angr 的字，它可能和悲痛有關，但是可以確定的是它曾有痛苦、麻煩或苦惱等像是一種身心痛楚或狂怒的意思，憤怒確實是一種不愉快的情緒。

- 生氣
- 觸怒

- 煩亂
- 惱怒
- 悲痛
- 輕視
- 殘酷
- 毀滅
- 厭惡
- 討厭
- 妒忌
- 激怒
- 挫折
- 不高興
- 乖戾
- 憎恨
- 敵視
- 憤怒
- 猜忌
- 凌辱
- 狂怒
- 憤恨
- 盛怒
- 不屑

其他：＿＿＿＿＿＿＿＿＿＿＿＿＿＿＿＿

＿＿＿＿＿＿＿＿＿＿＿＿＿＿＿＿＿＿＿

＿＿＿＿＿＿＿＿＿＿＿＿＿＿＿＿＿＿＿

🐛 悲傷的字詞

「悲傷」（sadness）這個字的字根源於印歐字，在英文字中是表示滿足與飽和的極致之意，原本的意思是「已經足夠」，後來「悲傷」一字演變成「疲倦」，最後變成「不快樂」。

- 悲傷
- 痛苦
- 疏遠
- 劇痛
- 壓榨
- 挫敗
- 灰心
- 絕望
- 失望
- 不滿
- 氣餒
- 不快
- 心煩意亂
- 憂鬱
- 悲痛
- 絕望
- 傷心
- 侷促不安
- 寂寞
- 悲慘
- 苦惱

其他：_____

_____

_____

害怕的字詞

「害怕」（fear）根源於古英文 faer 和中古英文 fer 這個字，它有著懼怕、焦慮、恐怖、不安以及由預期危險所引發的驚慌等好幾種涵義。

- 害怕
- 焦慮
- 疑慮
- 悲痛
- 懼怕
- 急躁
- 吃驚
- 恐懼
- 歇斯底里
- 提心吊膽
- 神經質
- 不知所措
- 驚恐
- 震驚
- 緊張
- 恐怖
- 不安
- 擔心

其他：_____

_____

_____

🐑 羞愧的字詞

　　羞愧（shame）是一種強烈且痛苦的罪惡感，或是一種沒有價值感、做錯事的感覺，這個從古英文和中古英文 sceamu 演變而來的字，也可用在直接對他人的感覺，就像是「讓某人羞愧」。

- 羞愧
- 悔恨
- 有罪
- 不安
- 困窘
- 愧疚
- 羞辱
- 侮辱
- 無效
- 沒面子
- 遺憾
- 自責

其他：_____

_____

_____

參考文獻

References

Dryden, Windy, and Raymond DiGiuseppe. 1990. *A Primer on Rational-Emotive Therapy.* Champaign, IL: Research Press.

Ellis, Albert. 1994. *Reason and Emotion in Psychotherapy.* New York: Birch Press Lane.

Goleman, Daniel. 1995. *Emotional Intelligence.* New York: Bantam.

Gottman, John, and Nan Silver. 1994. *Why Marriages Succeed or Fail.* New York: Fireside.

———. 1999. *The Seven Principles for Making Marriage Work.* New York: Three Rivers Press.

Greenberg, Leslie, and Susan M. Johnson. 1988. *Emotionally Focused Therapy for Couples.* New York: Guilford.

Greenberg, Leslie, and Sandra Paivio. 1997. *Working with Emotions in Psychotherapy.* New York: Guilford Press.

Kabat-Zinn, Jon. 1994. *Wherever You Go, There You Are.* New York: Hyperion.

Lazarus, Richard. 1991. *Emotion and Adaptation.* New York: Oxford University Press.

Linehan, Marsha. 1993a. *Cognitive-Behavioral Treatment of Borderline Personality Disorder* New York: Guilford.

———. 1993b. *Skills Training Manual for Treating Borderline Personality Disorder.* New York: Guilford.

Don't Let Your
EMOTIONS
Run Your Life

其他參考資料

Gottman, John. 1997. *Raising an Emotionally Intelligent Child.* New York: Fireside.

Greenberg, Leslie, and J. Pascual-Leone. 1995. "A dialectical constructivist approach to experiential change." In Robert Neimeyer and Michael Mahoney, *Constructivism in Psychotherapy.* Washington, D.C.: APA Press.

Izard, Carroll. 1977. *Human Emotions.* New York: Plenum.

———. 1991. *The Psychology of Emotions.* New York: Plenum.

Jacobson, Edmund. 1967. *The Biology of Emotions.* Springfield, IL: Charles C. Thomas.

Kovecses, Zoltan. 1990. *Emotion Concepts.* New York: Springer-Verlag.

Lazarus, Richard, and Bernice Lazarus. 1994. *Passion and Reason: Making Sense of Our Emotions.* Washington, D.C.: APA Press.

Niedenthal, Paula, and Shinobu Kitayama, eds. 1994. *The Heart's Eye: Emotional Influence in Perception and Attention.* San Diego: Academic Press.

Strongman, Ken. 1996. *The Psychology of Emotion: Theories of Emotion in Perspective.* New York: John Wiley.

Tomkins, Silvan, and Carroll Izard, eds. 1965. *Affect, Cognition, and Personality* (4th ed.). New York: Springer Publishing.

Traue, Harald, and James Pennebaker, eds. 1993. *Emotion, Inhibition, and Health.* Göttingen, Germany: Hogrefe & Huber.

Don't Let Your
EMOTIONS
Run Your Life

國家圖書館出版品預行編目資料

別讓情緒控制你的生活——
如何讓辯證行為治療法幫助你掌控自己／
Scott E. Spradlin 著；蔡素玲、鍾志芳譯.
-- 初版 .-- 臺北市：心理 , 2007.12
  面； 公分 . -- （心理治療系列；22090）
參考書目：面
譯自：Don't let your emotions run your life: how dialectical
      behavior therapy can put you in control

ISBN 978-986-191-100-7（平裝）

1. 心理治療   2. 行為治療法   3. 情緒   4. 自我實現

178.8   96023886

心理治療系列 22090

別讓情緒控制你的生活
——如何讓辯證行為治療法幫助你掌控自己

作　　　者：Scott E. Spradlin
譯　　　者：蔡素玲、鍾志芳
執 行 編 輯：李　晶
總 　編 　輯：林敬堯
發 　行 　人：洪有義
出 　版 　者：心理出版社股份有限公司
地　　　址：231 新北市新店區光明街 288 號 7 樓
電　　　話：(02) 29150566
傳　　　真：(02) 29152928
郵 撥 帳 號：19293172　心理出版社股份有限公司
網　　　址：http://www.psy.com.tw
電 子 信 箱：psychoco@ms15.hinet.net
排 　版 　者：葳豐企業有限公司
印 　刷 　者：竹陞印刷企業有限公司
初 版 一 刷：2007 年 12 月
初 版 七 刷：2020 年 9 月
I　S　B　N：978-986-191-100-7
定　　　價：新台幣 320 元